누구나
쉽고 재미있게

사고력 수학

노크

C7
(10~11세)

입체도형

이 책을 보시는 부모님들께

머리가 좋아야 수학을 잘 한다는 말이 있습니다. 또, 수학을 잘 못하는 아이는 아빠, 엄마의 머리를 물려받아서 그렇다는 등의 난데없는 유전자 논쟁이 벌어지기도 합니다. 하지만 많은 사람들의 일반적인 생각과는 달리 이는 근거없는 이야기입니다. 외국의 한 연구 기관에서 언어, 사회, 수학, 과학의 네 가지 분야 중 어떤 것이 아동의 선천적 재능에 영향을 받는지 조사한 연구 결과를 발표했는데 일반적인 예상과는 다르게 선천적 재능에 영향을 받는 순서는 사회, 언어, 과학, 수학 순이었습니다. 다시 말해, 수학은 여러 학문 분야 중 선천적인 재능보다는 후천적인 환경이나 교육자, 학습자의 노력에 가장 큰 영향을 받는 학문이라 볼 수 있습니다. 수학의 가장 기본이 되는 '수 영역'의 예를 들어 보겠습니다. 아이들이 수를 처음 접하는 시기의 차이는 있지만 실제 수에 대한 감각과 수를 다루는 연습은 생활 속에서의 체험이나 다양한 활동, 학습 속에서 이루어집니다. 즉, 수학의 가장 기본이 되는 수는 선천적으로 가진 재능과는 거의 연관이 없으며 자라나면서 어떤 환경에 놓이는지, 얼마나 많이 수를 생각할 수 있는 기회가 있는지, 나이에 맞는 올바른 학습을 만날 수 있는지에 좌우됩니다. 그러므로 아이의 수학적 발달에 문제가 있다면, 그 아이가 누구를 닮아서 그런지, 지능이 떨어지는지를 따질 것이 아니라 수학적 힘을 기를 수 있는 학습 환경을 어떻게 만들어줄 것인가를 고민해야 합니다.

국제영재교육연구소의 랜즐리 소장은 영재의 기준을 마련하기 위해 여러 연구를 시행한 결과, 영재의 공통적인 특징들을 발견하였습니다. 첫째는 115 이상의 지능지수(IQ), 둘째는 창의력(Creativity), 셋째는 동기적 요소라고 부르는 끈질긴 근성과 과제집착력이었습니다. 이들 세 가지 요소 역시 선천적으로 타고 나는 부분도 물론 있겠지만 대부분 후천적인 학습이나 교육 활동을 통해 기를 수 있는 능력이라는 데에 이의를 제기하기는 힘듭니다.

이처럼 수학적 능력은 후천적 학습 환경에 주로 좌우되며, 특히 어린 시절에는 그러한 경향이 더더욱 두드러집니다. 하지만 우리의 아이들을 둘러싼 수학적 환경을 다시 한 번 돌아봅시다. 초등학교를 들어가기 전부터 과도한 학습량과 무의미한 반복 활동, 이후의 수학 학습에 오히려 방해가 될 정도로 무리한 선행 학습 등의 환경은 아이의 수학적 힘을 길러주기보다는 수학에서 가장 중요한 창의적 사고력을 기를 수 있는 기회를 박탈함과 동시에 수학에 대한 흥미를 급속하게 떨어뜨리게 하여 수학으로 문제를 해결하려는 의지, 즉 수학적 동기를 스스로에게 부여하는 것을 불가능하게 만들어 버립니다. 중요한 것은 남들보다 먼저, 그리고 더 많이 수학적 지식을 머리 속에 주입하는 것이 아니라 태어나서부터 누구나 가지고 있는 수학에 대한 관심, 그리고 수학으로 생각하는 힘을 일깨워주는 것입니다.

수학을 잘할 수 있는 힘,

수학적 잠재력은 이미 여러분 아이들의 머릿 속에 줄곧 있어왔습니다. 단지 어떤 아이는 그것을 찾아내어 드러낼 수 있었고, 어떤 아이는 꼭꼭 숨긴 채 평생 드러나지 않을 뿐입니다. 이러한 수학적 잠재력에 대한 참신한 자극 – 생각을 두드리는 '노크'를 제안하려 합니다. '노크'는 수학적 지식과 스킬만을 무리하게 밀어넣지 않습니다. 왜 수학을 해야 하고, 어떻게 수학으로 가능한지 끊임없이 스스로 생각하게하는 계기로서의 활동이 되려 합니다. 일상으로부터 괴리된 학문으로서의 수학이 아닌, 삶을 살아가며 반드시 키워야 할 논리적, 합리적 사고력을 기를 수 있는 누구에게나 가장 중요한 경쟁력으로서의 수학을 주장합니다. '노크'야말로 새로운 수학 학습의 길을 보여주는 방향타가 될 것입니다.

한 현 조

똑!똑! 사고력 수학
노크의 구성

시작 : 생각열기

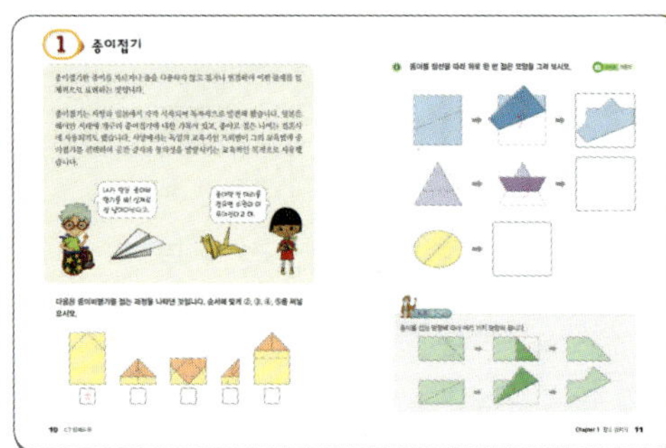

사고력 수학 주제에 맞는 수학적 상황, 수학사, 생활 속 수학 이야기 등의 자유로운 형식으로 흥미를 유발하고, 수학적 사고를 자극하는 주제별 프롤로그

노크 포인트

문제 해결의 핵심적 원리를 '콕!' 집어서 간결하게 요약한 사고력 수학 주제별 포인트

전개 : 유형 탐구

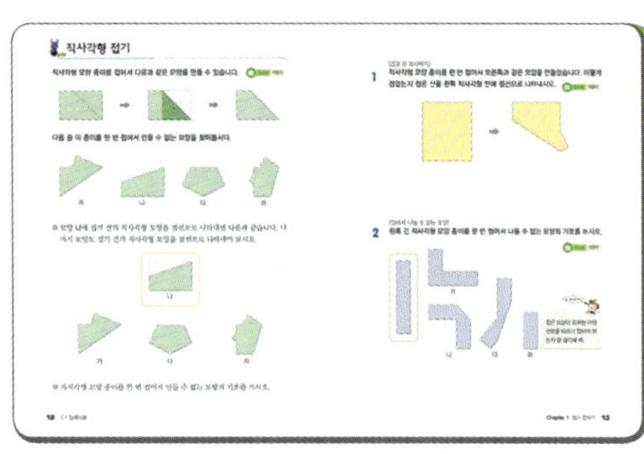

사고력 수학의 대표 유형을 노크만의 새로운 방법으로 차근차근 한 단계씩 익히고 해결하는 단계적 유형 탐구와 이를 통해 익힌 방법적 원리를 적용, 확장하는 확인 문항

수학 요정들의 친절한 충고와 꼬마 요괴들의 밉살스럽지만 유용한 조언으로 어려운 발전 문항의 해결을 돕는 문제 해결 도우미 박스

발전 : 창의적 문제해결력

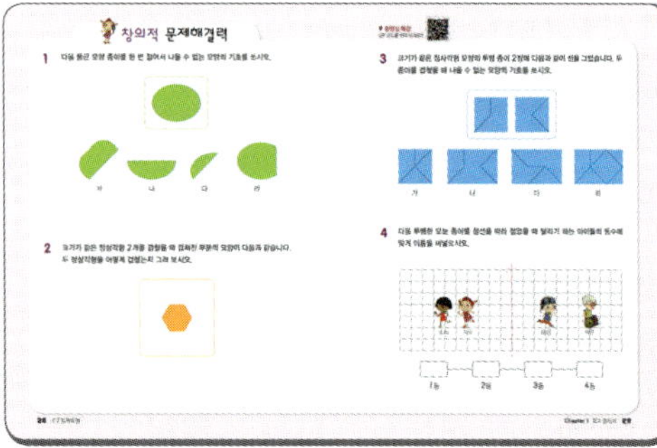

3개의 사고력 수학 주제를 갈무리하는, 한 차원 높은 창의력과 복합적인 사고력을 요구하는 발전 문항의 끝판왕

마무리 : 정답 및 해설

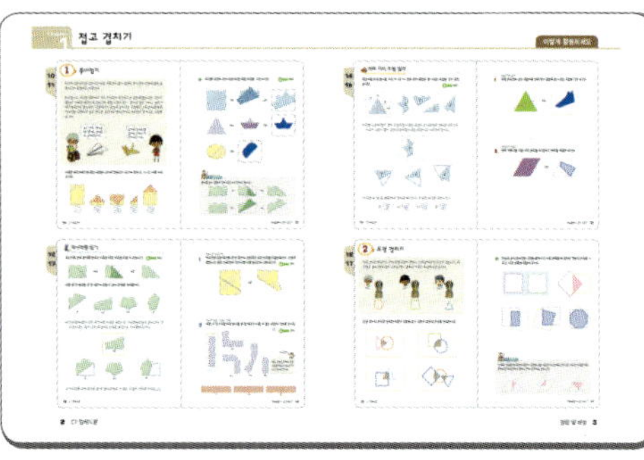

본문에 그대로 첨삭된 정답과 간략한 풀이 과정을 통한 사고력 수학 활동 피드백으로 마무리

노크
캐릭터 소개

태경
활동파 리더

지오
호기심 공주

초이
조용한 전략가

아인
꼬마 천재

마법사 멀린과 수학 요정

마법사 멀린

노크랜드의 지식의 수호자. 지식을 파괴하려는 대마왕의 음모에 맞서 모험을 떠난 친구들의 든든한 조력자.

아르키메데스

페르마

플라톤

파스칼

피타고라스

가우스

유클리드

오일러

대마왕과 꼬마 요괴

대마왕

노크랜드의 지식의 파괴자. 세계를 차지하기 위해 모든 지식을 없애버리려고 하는 요괴들의 두목.

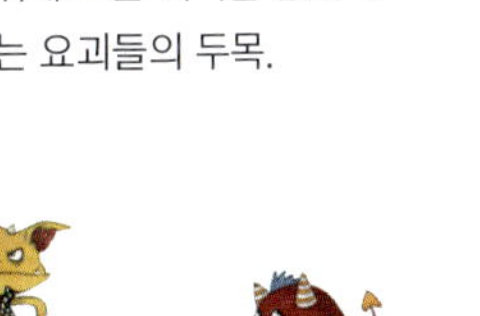

딴소리

한입

장난

딴짓

멍하니

잠만자

울보

거꾸로

이 책의

차 례

접고 겹치기

1 종이접기

종이접기란 종이를 자르거나 풀을 사용하지 않고 접거나 연결하여 어떤 물체를 입체적으로 표현하는 것입니다.

종이접기는 서양과 일본에서 각각 시작되어 독자적으로 발전해 왔습니다. 일본은 헤이안 시대에 개구리 종이접기에 대한 기록이 있고, 종이로 접은 나비는 결혼식에 사용되기도 했습니다. 서양에서는 독일의 교육자인 프뢰벨이 그의 교육법에 종이접기를 선택하여 공간 감각과 창의성을 발달시키는 교육적인 목적으로 사용했습니다.

다음은 종이비행기를 접는 과정을 나타낸 것입니다. 순서에 맞게 ②, ③, ④, ⑤를 써넣으시오.

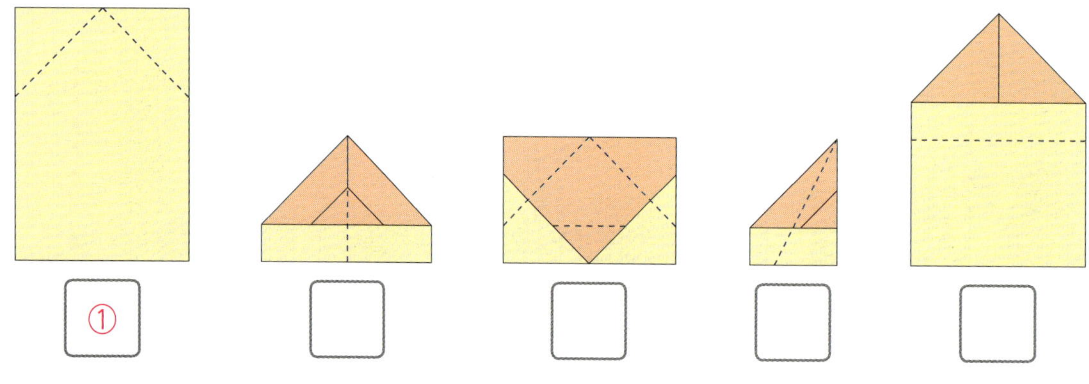

종이를 점선을 따라 위로 한 번 접은 모양을 그려 보시오.

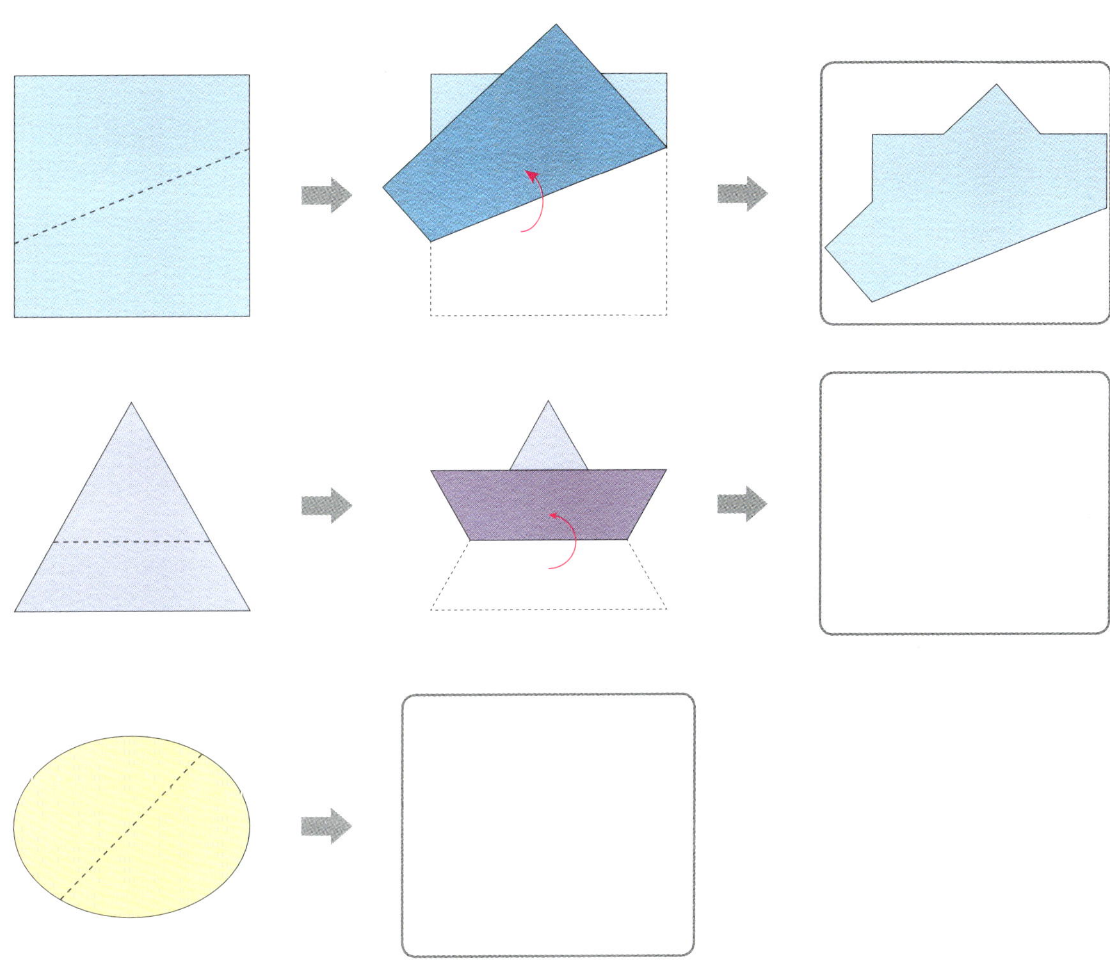

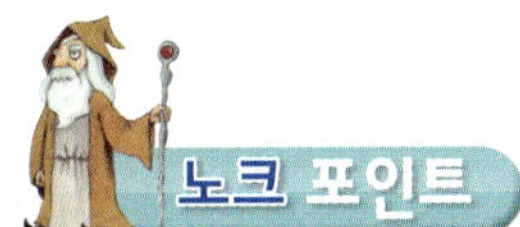

종이를 접는 방향에 따라 여러 가지 모양이 됩니다.

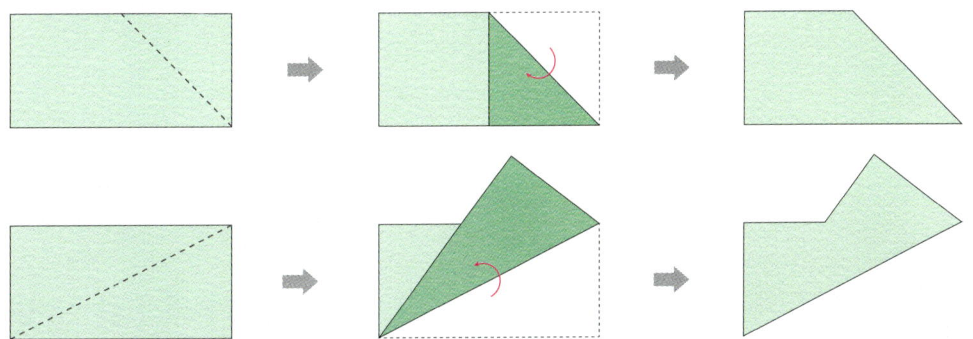

직사각형 접기

직사각형 모양 종이를 접어서 다음과 같은 모양을 만들 수 있습니다.

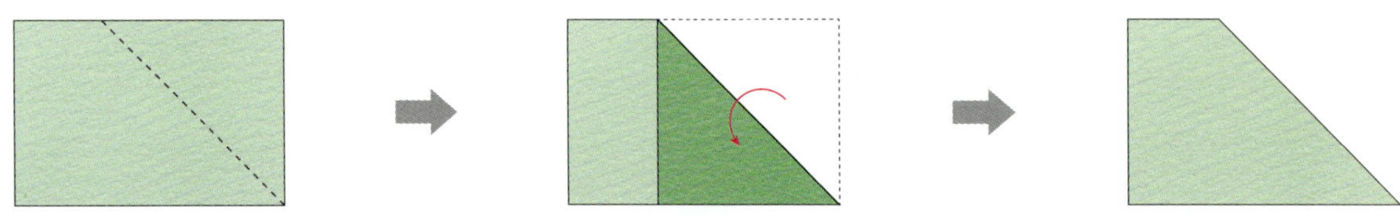

다음 중 이 종이를 한 번 접어서 만들 수 없는 모양을 찾아봅시다.

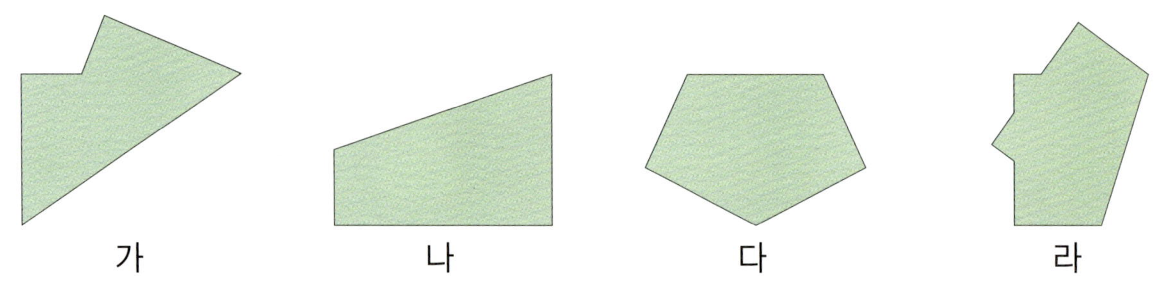

❶ 모양 **나**에 접기 전의 직사각형 모양을 점선으로 나타내면 다음과 같습니다. 나머지 모양도 접기 전의 직사각형 모양을 점선으로 나타내어 보시오.

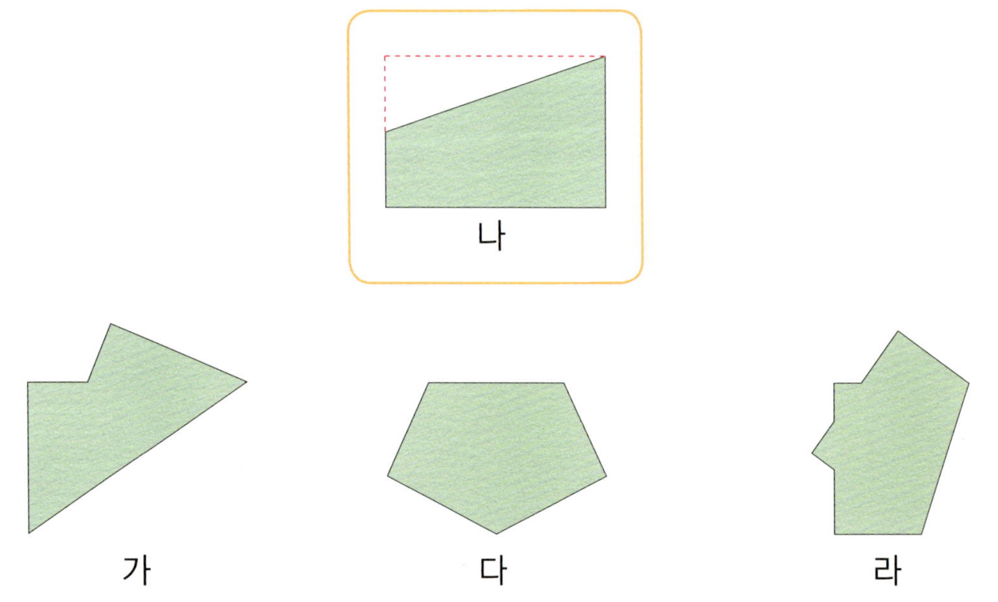

❷ 직사각형 모양 종이를 한 번 접어서 만들 수 없는 모양의 기호를 쓰시오.

[접은 선 표시하기]

1 직사각형 모양 종이를 한 번 접어서 오른쪽과 같은 모양을 만들었습니다. 어떻게 접었는지 접은 선을 왼쪽 직사각형 안에 점선으로 나타내시오.

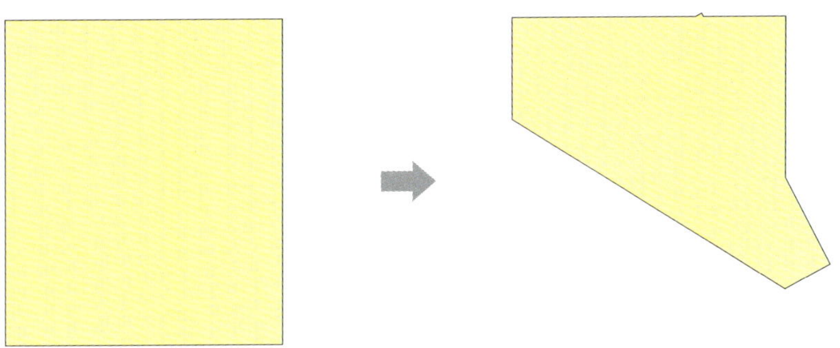

[접어서 나올 수 없는 모양]

2 왼쪽 긴 직사각형 모양 종이를 한 번 접어서 나올 수 없는 모양의 기호를 쓰시오.

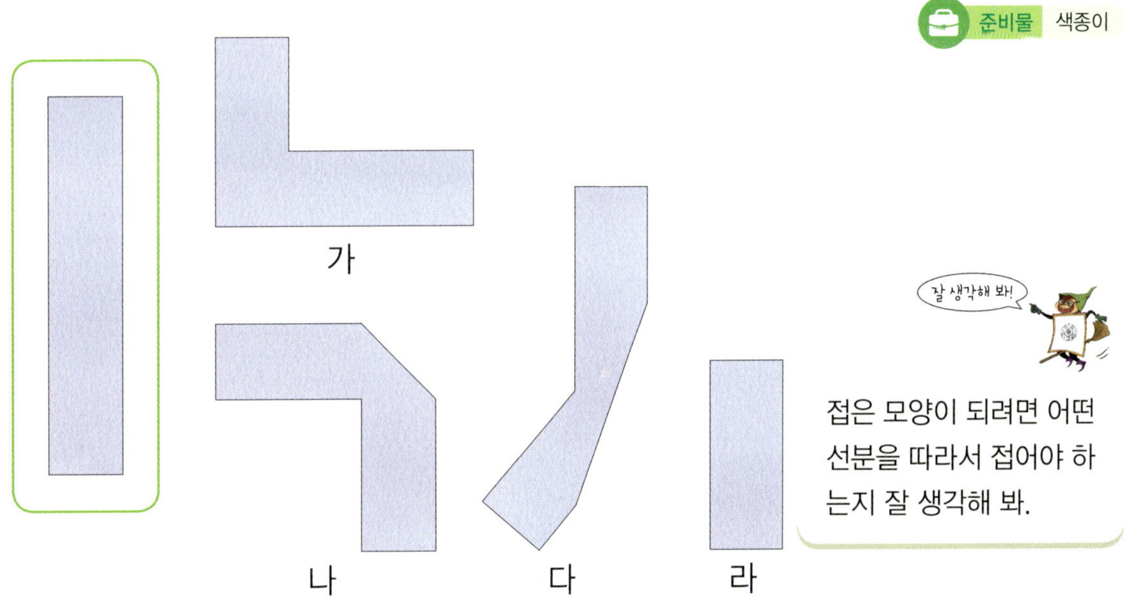

여러 가지 도형 접기

정삼각형 모양 종이를 직선 **가, 나, 다, 라**를 따라 접었을 때 나오는 모양을 각각 찾아
봅시다.

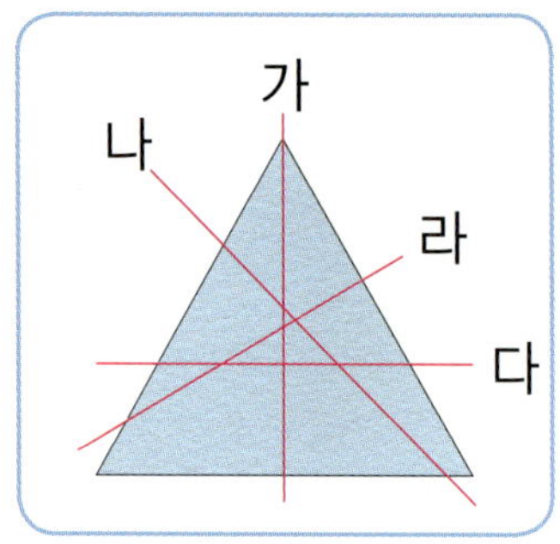

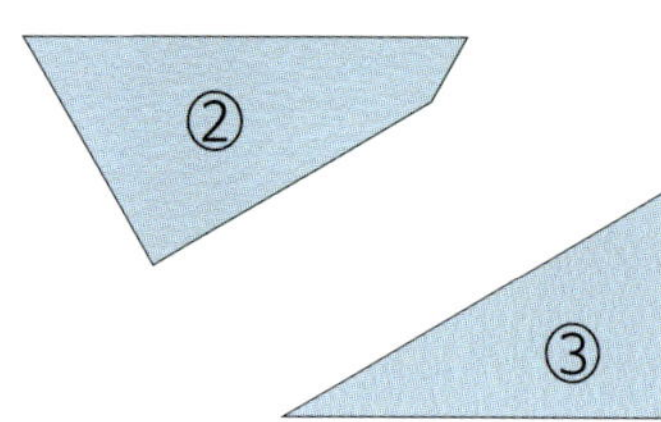

❶ ①번 모양에 접기 전의 정삼각형 모양을 점선으로 나타내면 다음과 같습니다.
나머지 모양도 접기 전의 정삼각형 모양을 점선으로 나타내어 보시오.

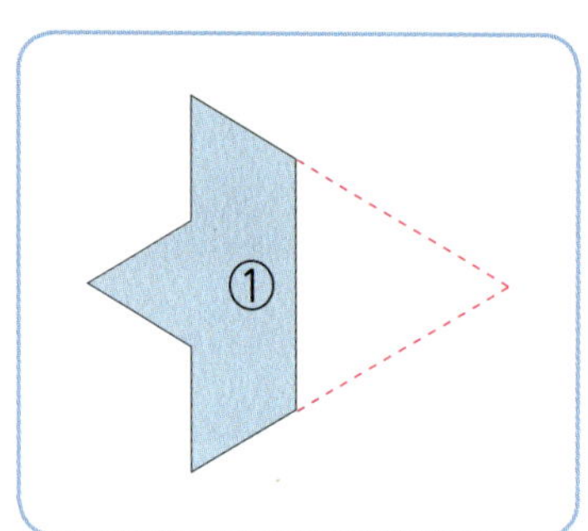

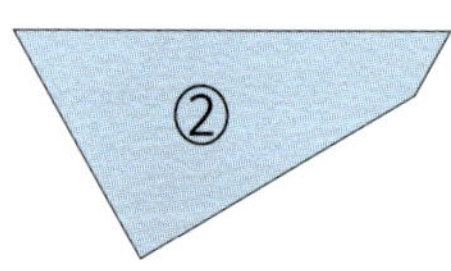
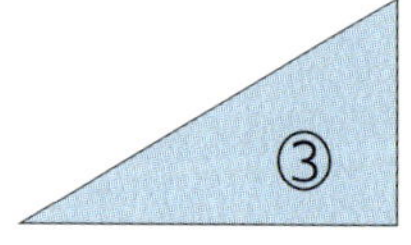

❷ 직선 **가, 나, 다, 라**를 따라 접었을 때 나오는 모양의 번호를 써넣으시오.

가: ☐   나: ☐   다: ☐   라: ☐

1 왼쪽 정삼각형 모양 색종이를 선을 따라 접었을 때 나오는 모양을 그려 보시오.

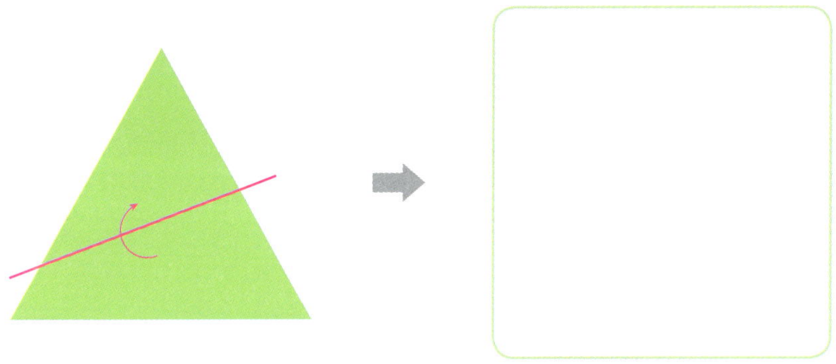

2 왼쪽 색종이를 선을 따라 접었을 때 겹쳐진 부분을 색칠해 보시오.

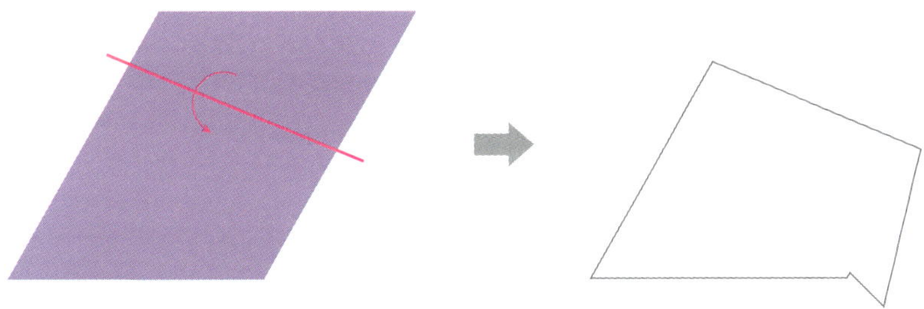

도형 겹치기

아인, 초이, 태경이는 각각 도형 모양이 찍히는 도장을 하나씩 가지고 있습니다. 세 사람은 종이 위에 각각 도장을 찍고 겹쳐진 부분은 색칠하려고 합니다.

도장 하나의 모양과 겹쳐진 부분의 모양을 보고 나머지 도장의 모양을 완성하시오.

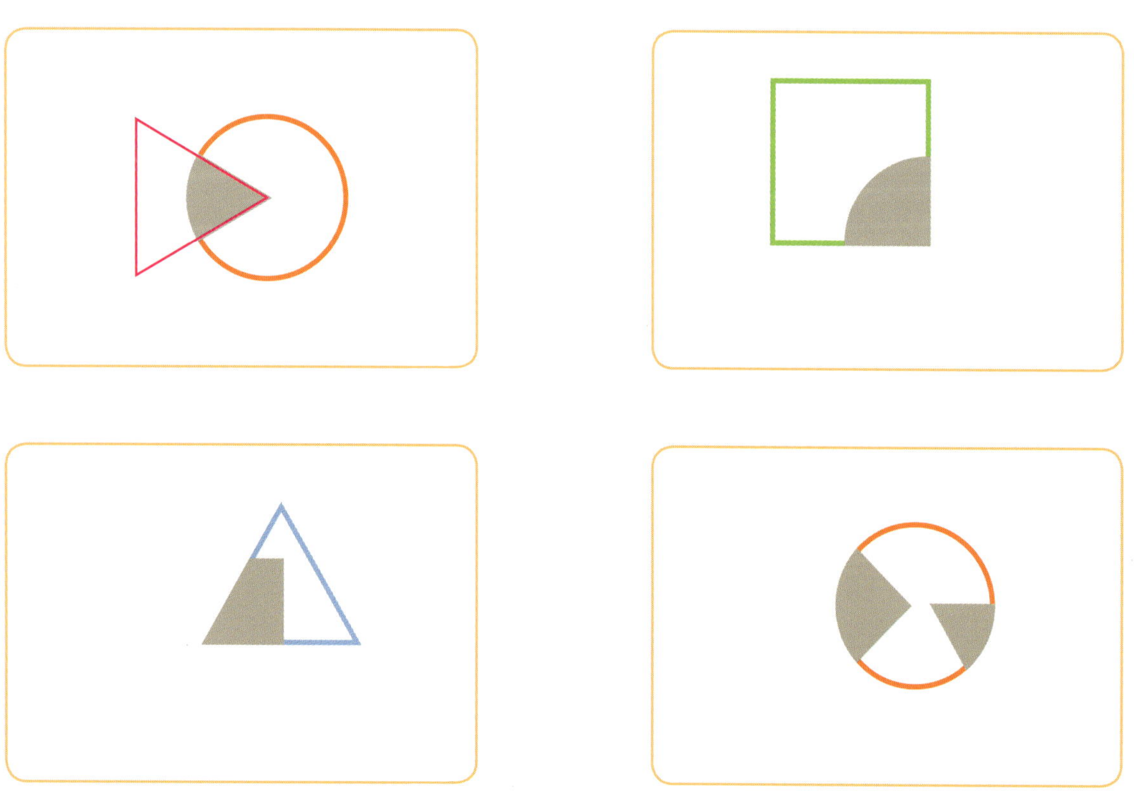

다음과 같이 정사각형 2개를 움직여서 서로 겹쳤을 때 겹쳐진 부분의 모양을 그리고, 모양 안쪽에 색칠해 보시오.

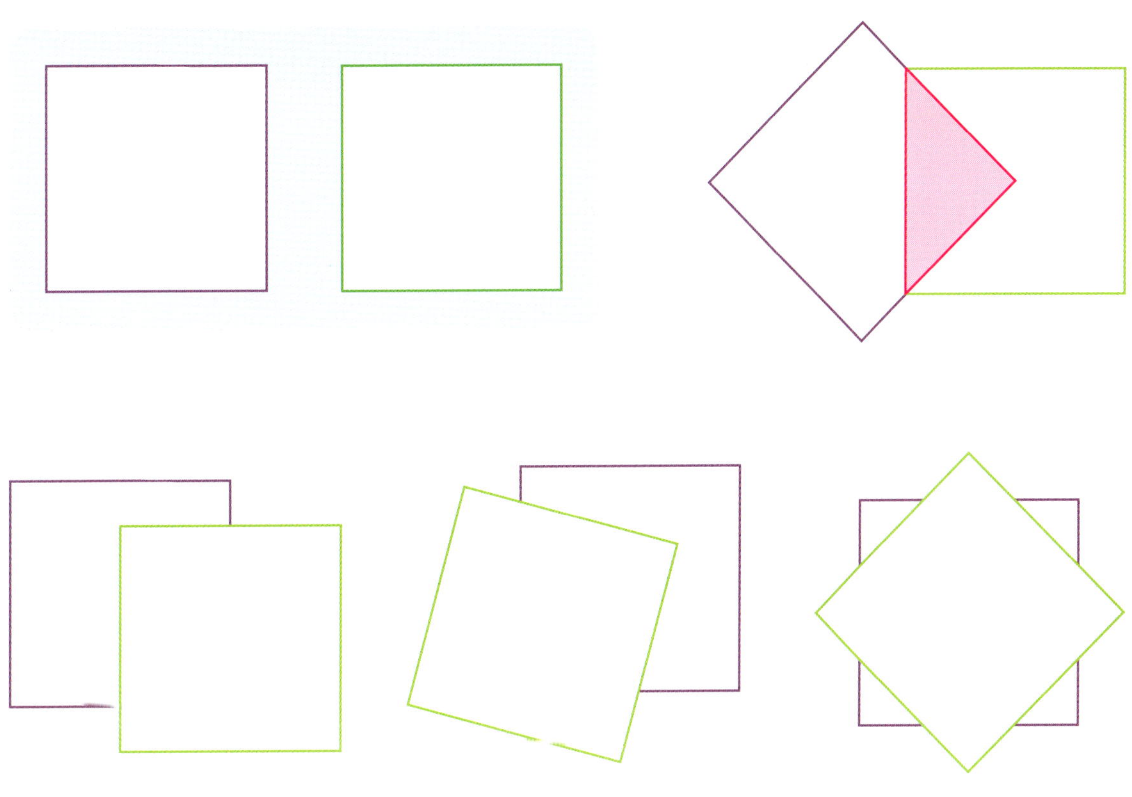

노크 포인트

도형을 겹쳤을 때 겹쳐진 부분의 모양을 찾을 때에는 한 도형을 그린 후, 나머지 도형을 여러 방향으로 움직이면서 겹쳐진 부분의 모양을 찾습니다.

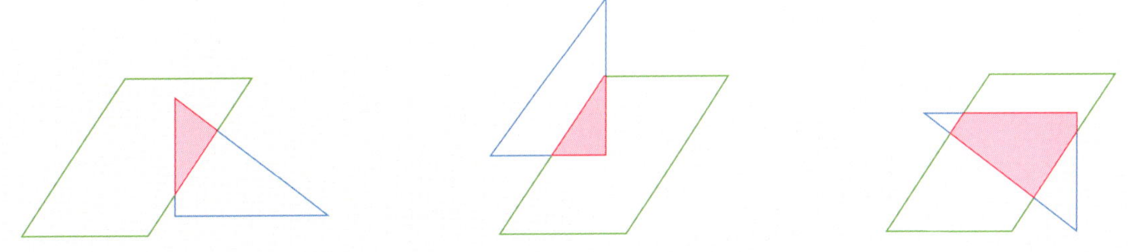

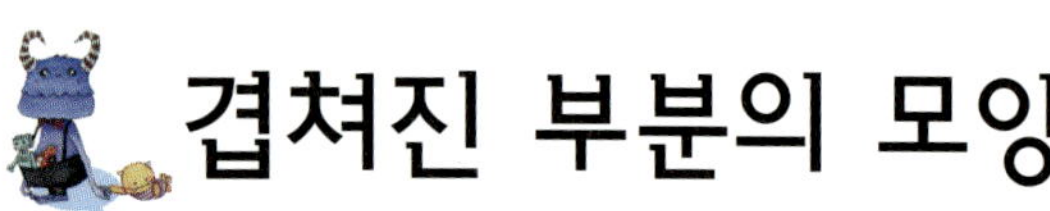

겹쳐진 부분의 모양

여러 도형을 겹쳤을 때, 두 도형이 겹쳐진 부분의 모양을 그리고 색칠해 봅시다.

1

○과 □이 겹쳐진 부분의 모양	□과 △이 겹쳐진 부분의 친 모양
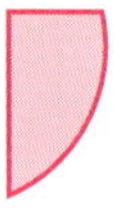	

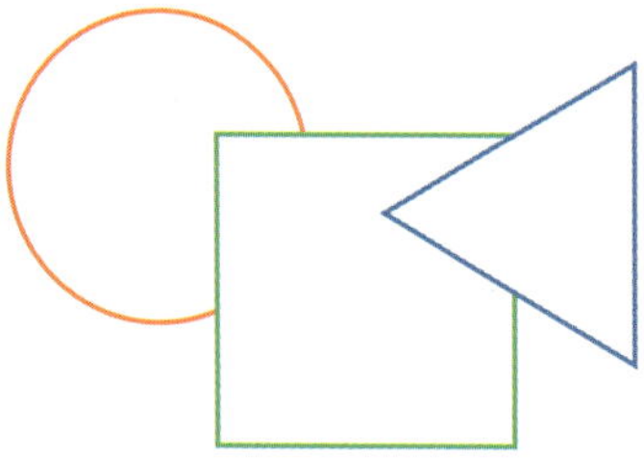

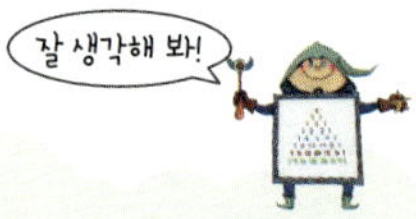

아래쪽에 가려진 부분을 점선으로 그리면 겹쳐진 부분의 모양을 쉽게 알 수 있어.

2

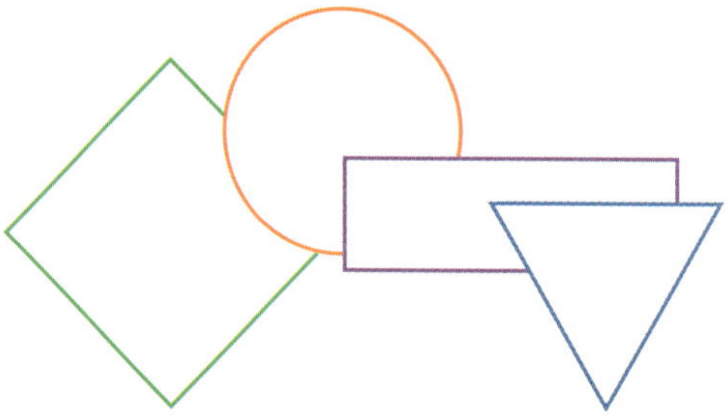

□과 ○이 겹쳐진 부분의 모양	○과 □이 겹쳐진 부분의 모양	□과 △이 겹쳐진 부분의 모양

1 도형 4개를 다음과 같이 겹쳤을 때 오른쪽 겹쳐진 부분의 모양을 왼쪽에서 찾아 색칠해 보시오.

준비물 투명 색종이

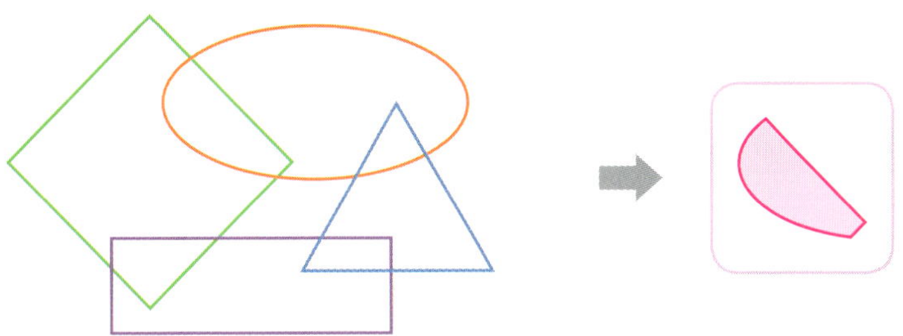

2 왼쪽 도형 3개 중 2개를 겹쳤을 때, 겹쳐진 부분의 모양이 오른쪽과 같습니다. 어떤 도형 2개를 어떻게 겹쳤는지 그려 보시오.

준비물 투명 색종이

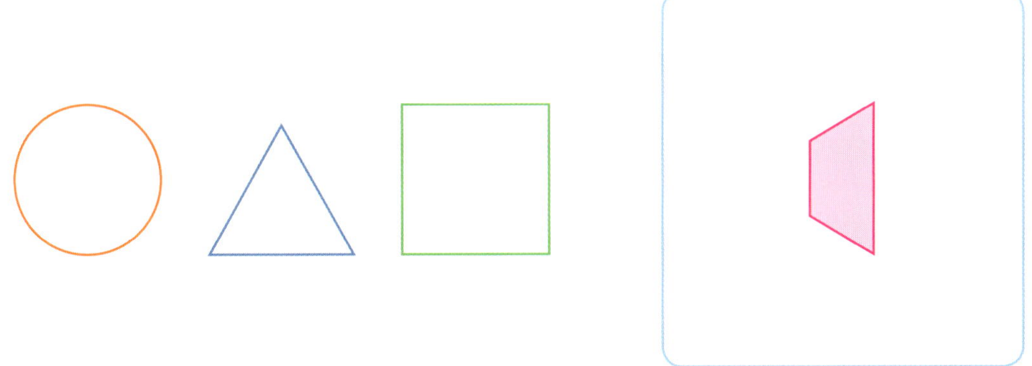

# 여러 방향으로 겹친 모양

왼쪽 두 정사각형을 서로 겹쳤을 때, 겹쳐진 부분의 모양이 될 수 있는 것을 모두 찾아
봅시다.

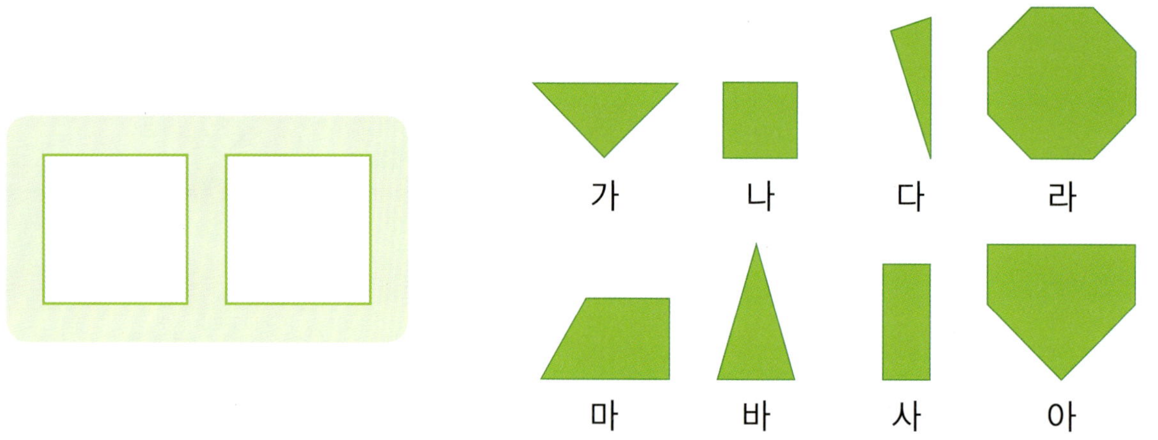

❶ 두 정사각형을 돌리지 않고 겹쳤을 때, 겹쳐진 부분의 모양이 될 수 있는 것을
모두 찾아 기호를 쓰시오.

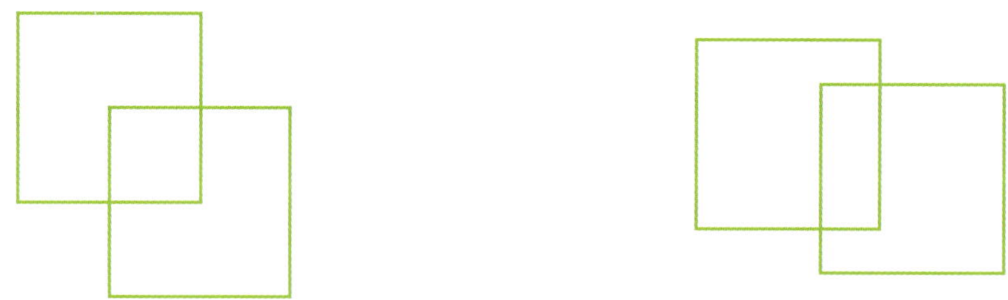

❷ 한 정사각형을 반의 반 바퀴만큼 돌렸을 때, 겹쳐진 부분의 모양이 될 수 있는
것을 모두 찾아 기호를 쓰시오.

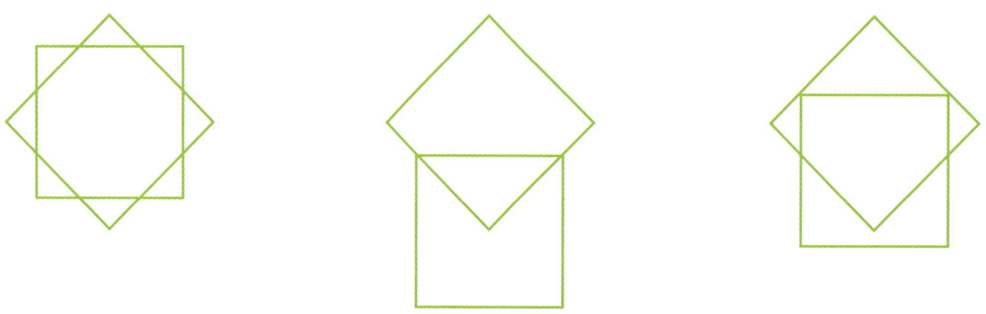

❸ 한 정사각형을 비스듬히 놓았을 때, 겹쳐진 부분의 모양이 될 수 있는 것의 기
호를 쓰시오. (단, ❷에서 찾은 것은 제외합니다.)

1 두 직사각형 모양을 서로 겹쳤을 때, 겹쳐진 부분의 모양이 될 수 있는 것을 모두 찾아 ◯표 하시오.

준비물 투명 색종이

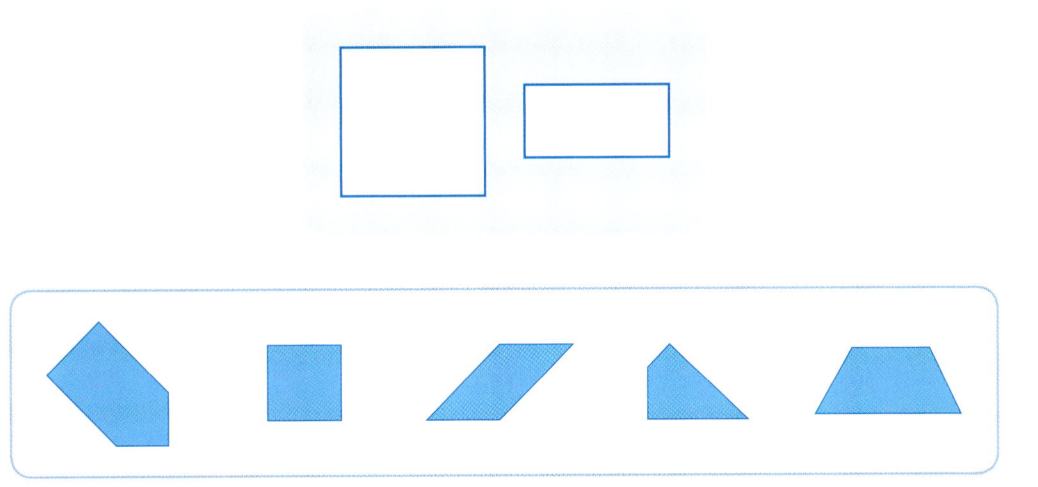

2 정삼각형과 정사각형 모양을 서로 겹쳤을 때, 겹쳐진 부분의 모양이 될 수 없는 것은 무엇입니까?

준비물 투명 색종이

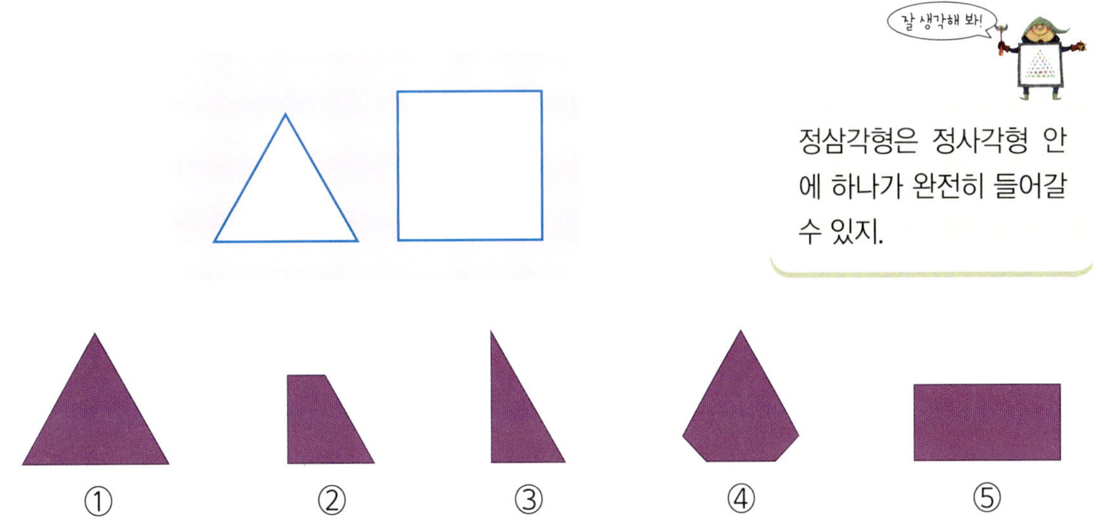

정삼각형은 정사각형 안에 하나가 완전히 들어갈 수 있지.

투명 종이 겹치기

태경이 방의 창문은 옆으로 열고 닫는 투명한 유리 창문입니다. 양쪽 창문에는 태경이가 좋아하는 그림 붙임 딱지를 붙였습니다.

다음과 같이 창문을 한 칸씩 열 때 각 붙임 딱지의 위치를 찾아 ☐ 안에 써넣으시오.

 : ①　　 : ⑦

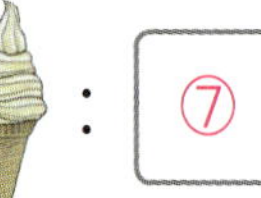 : 　　 :

 : 　　 :

 : 　　 :

 : 　　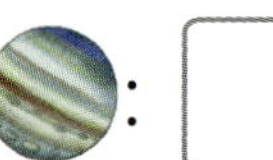 :

크기가 같은 정사각형 모양의 투명 종이 2장을 완전히 겹쳤을 때 나오는 모양을 그려 보시오. 단, 투명 종이를 돌리거나 뒤집을 수 없습니다. 준비물 투명 종이

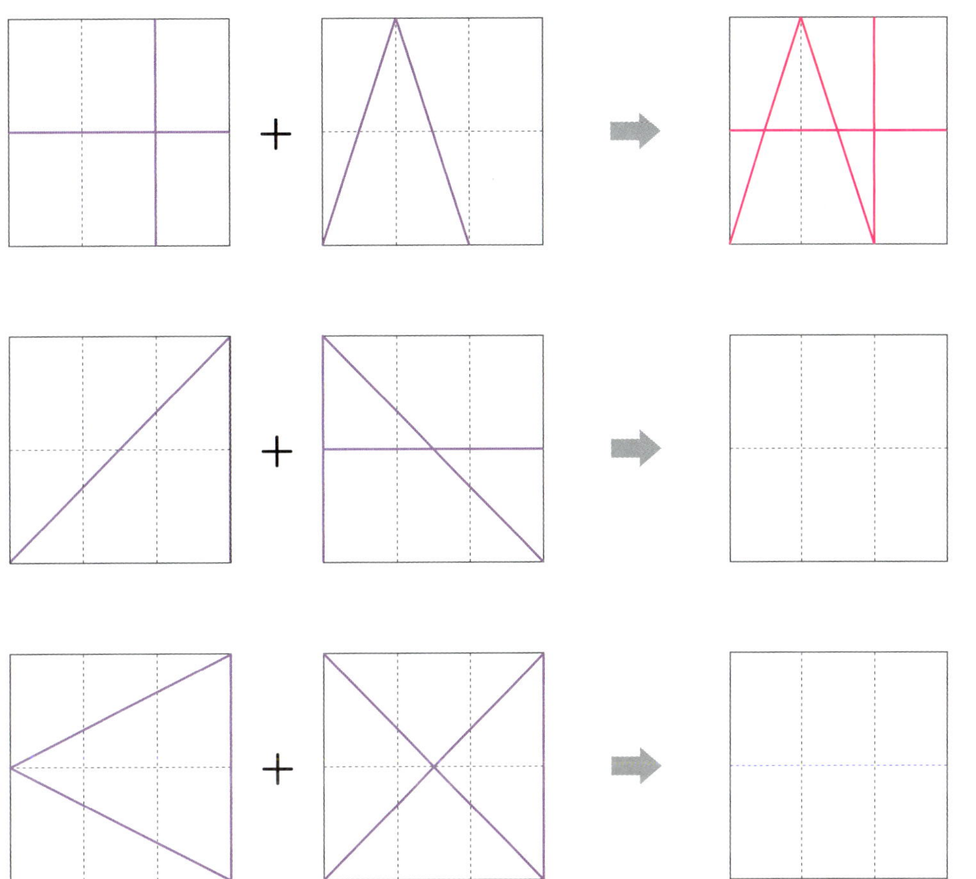

투명 종이를 겹치면 다른 위치에 있는 모양은 함께 보이고, 같은 위치에 있는 모양은 겹쳐서 하나로 보입니다.

완전히 겹친 모양

크기가 같은 정사각형 모양의 투명 종이 2장을 여러 방향으로 돌려가며 완전히 겹친 모양을 알아봅시다. 단, 돌리거나 뒤집어서 같은 모양은 한 가지로 봅니다.

왼쪽 투명 종이는 그대로 두고, 오른쪽 투명 종이를 시계 방향으로 직각만큼 돌려 가며 겹친 모양을 오른쪽 빈 곳에 그려 보시오.

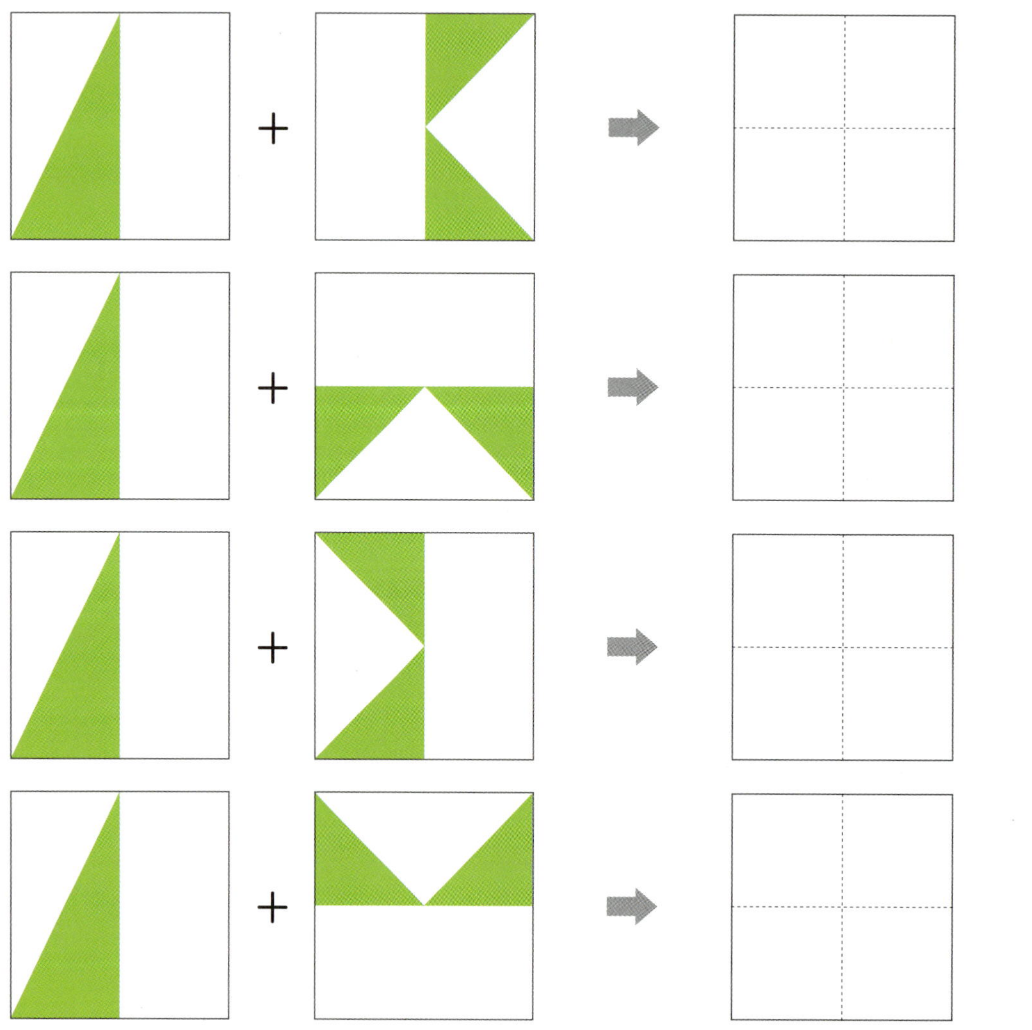

1 똑같은 투명 종이 2장을 여러 방향으로 돌려 가며 완전히 겹쳤더니 오른쪽과 같은 모양이 되었습니다. 투명 종이 2장을 각각 어떤 방향으로 돌려서 겹쳤는지 그림으로 나타내시오.

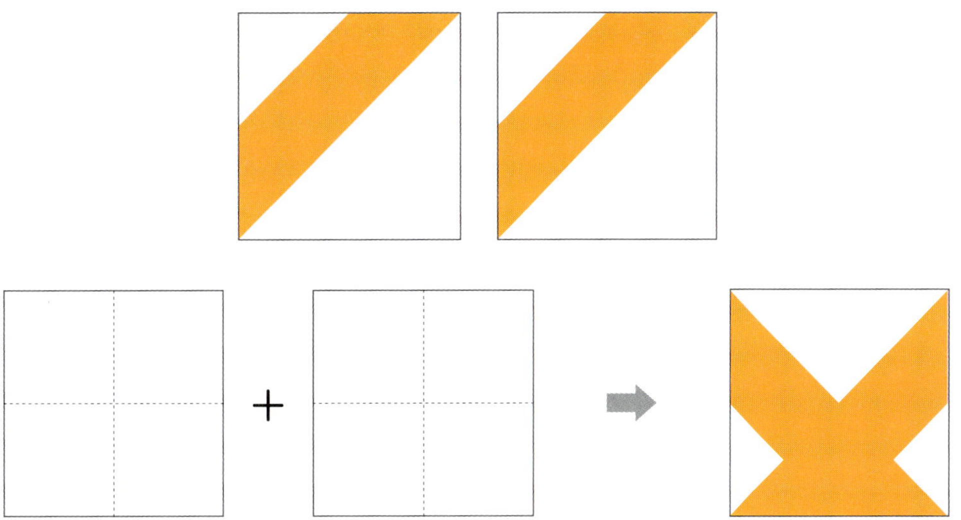

2 크기가 같은 정사각형 모양의 투명 종이 2장을 여러 방향으로 돌려 가며 완전히 겹친 모양을 모두 찾아 그려 보시오.

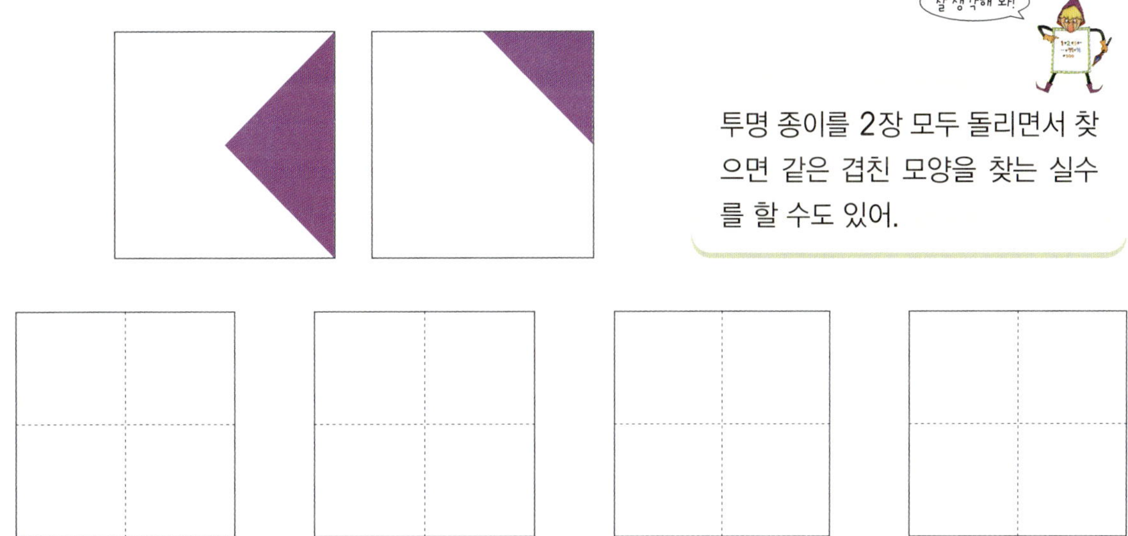

투명 종이를 2장 모두 돌리면서 찾으면 같은 겹친 모양을 찾는 실수를 할 수도 있어.

부분 겹치기

크기가 같은 정사각형 모양의 투명 종이 2장을 여러 가지 방법으로 서로 겹칠 때, 겹쳐진 부분의 모양이 될 수 있는 것을 모두 찾아봅시다.

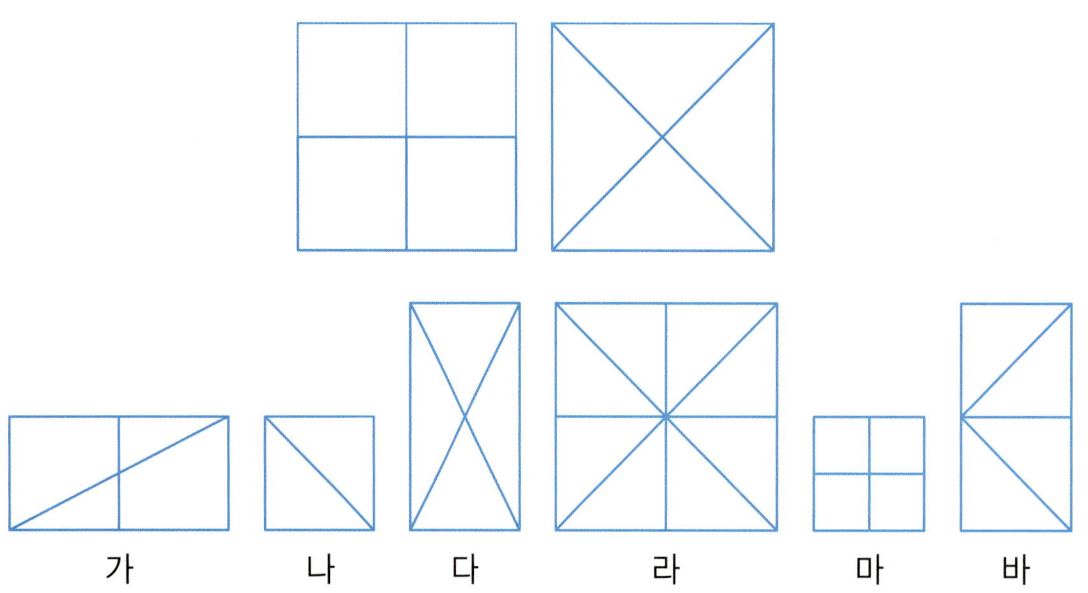

다음과 같이 3가지 방법으로 겹쳐 보고, 각 경우에 겹쳐진 부분의 모양이 될 수 있는 것을 찾아 기호를 쓰시오.

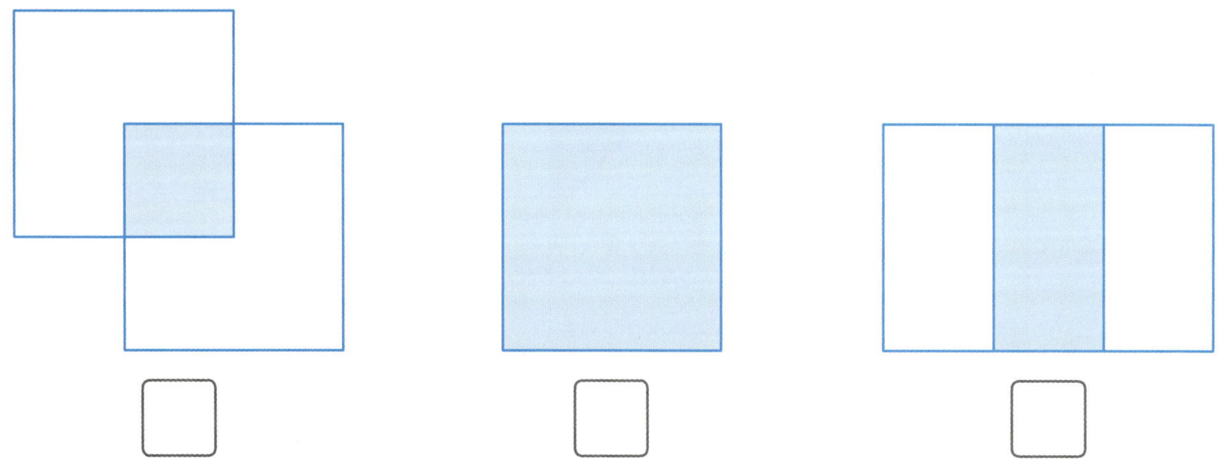

1 크기가 같은 정사각형 모양의 투명 종이 2장을 서로 절반씩 겹칠 때, 겹쳐진 부분의 모양을 그려 보시오.

준비물 투명 종이

2 크기가 같은 정사각형 모양의 투명 종이 2장을 여러 가지 방법으로 서로 겹칠 때, 겹쳐진 부분의 모양이 될 수 없는 것을 모두 찾아 ×표 하시오.

준비물 투명 종이

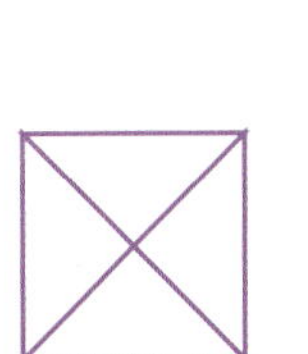 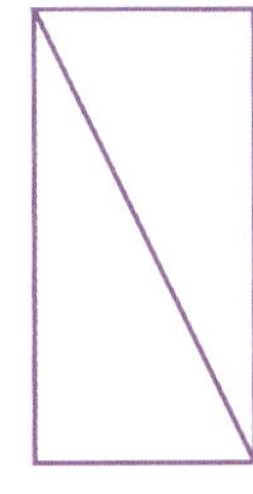 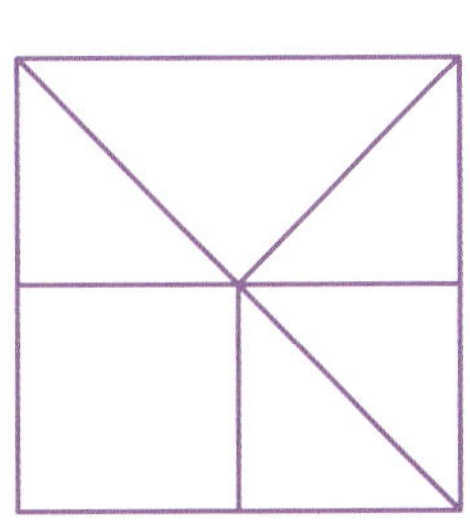  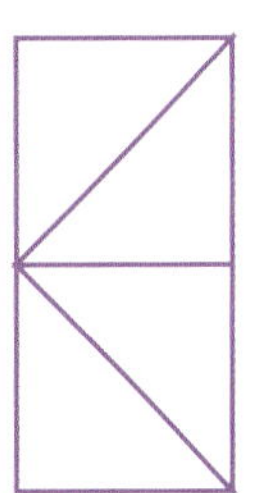 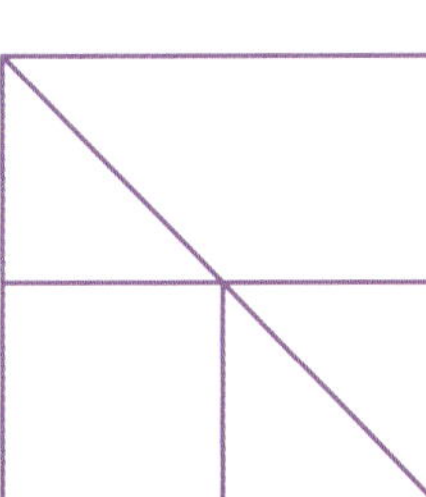

창의적 문제해결력

1 다음 둥근 모양 종이를 한 번 접어서 나올 수 없는 모양의 기호를 쓰시오.

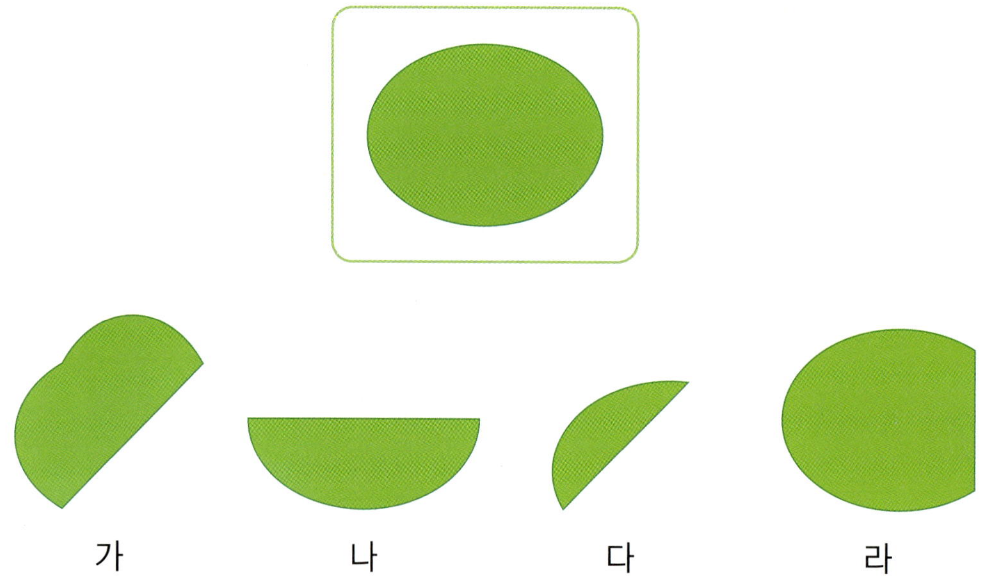

2 크기가 같은 정삼각형 2개를 겹쳤을 때 겹쳐진 부분의 모양이 다음과 같습니다. 두 정삼각형을 어떻게 겹쳤는지 그려 보시오.

3 크기가 같은 정사각형 모양의 투명 종이 2장에 다음과 같이 선을 그었습니다. 두 종이를 겹쳤을 때 나올 수 없는 모양의 기호를 쓰시오.

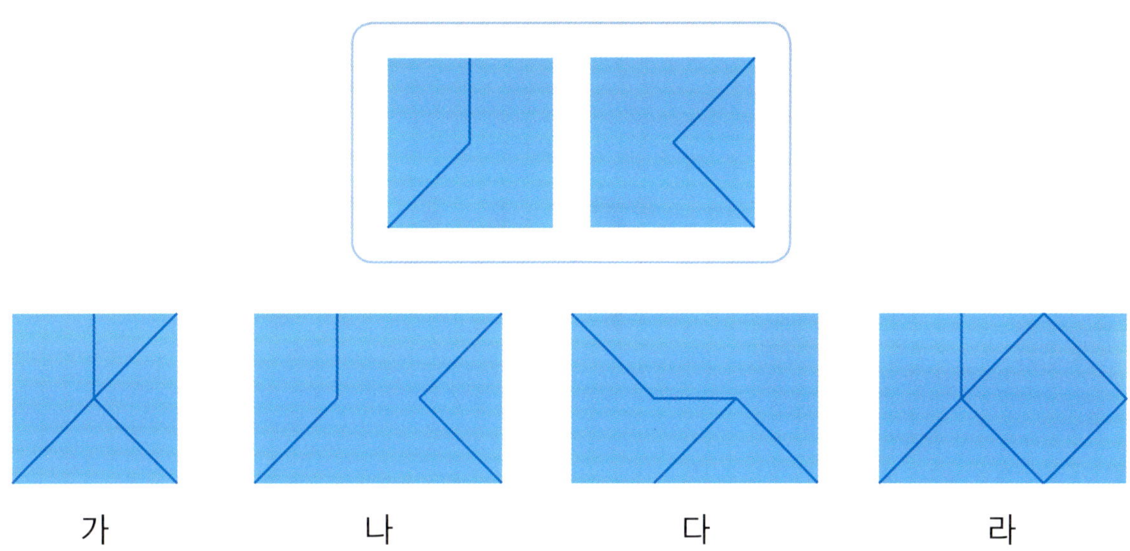

가   나   다   라

4 다음 투명한 모눈 종이를 점선을 따라 접었을 때 달리기 하는 아이들의 등수에 맞게 이름을 써넣으시오.

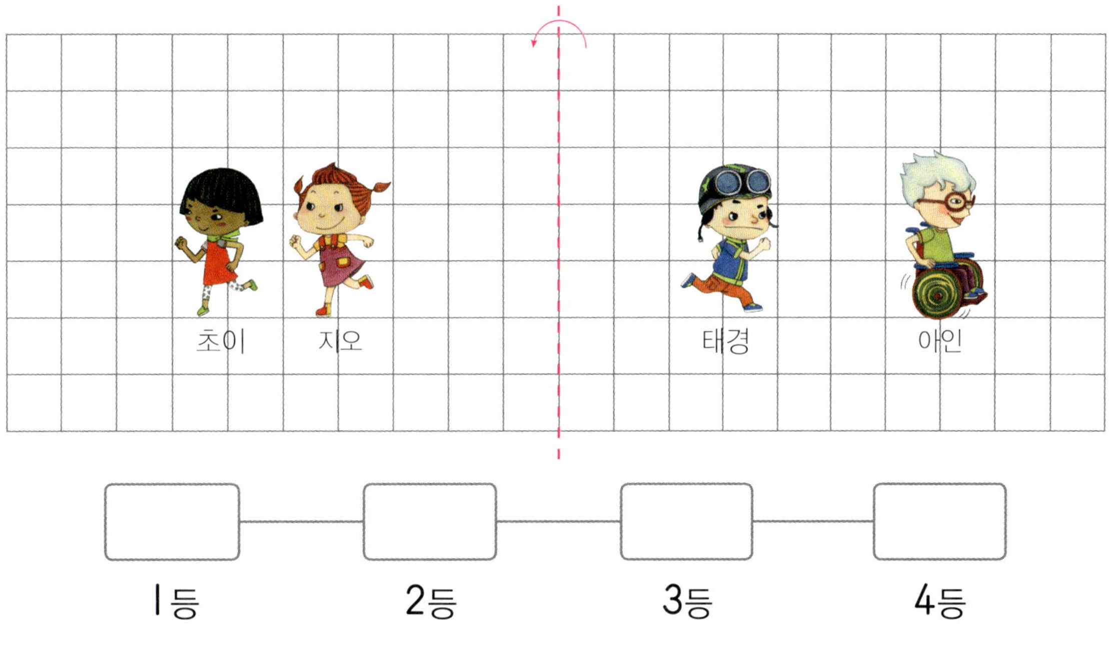

주사위

4 주사위 원리

주사위는 어떤 수가 나올지 모르는 수를 얻으려고 할 때 사용되는 대표적인 놀이 도구입니다. 주로 면의 모양이 똑같은 입체도형 각각의 면에 눈, 숫자, 그림 등을 그려 넣고, 공중에 던져 바닥에 떨어졌을 때 윗면으로 보이는 것을 결과로 하여 여러 가지 게임을 합니다.

가장 널리 사용되는 것은 면이 6개이고, 각 면에 눈이 1개에서 6개까지 찍혀 있는 정육면체 주사위입니다.

주사위가 언제 처음 만들어졌는지는 정확하게 알 수 없지만 고대 이집트에서는 이미 기원전 10세기 이전부터 상아나 동물의 뼈로 만든 주사위가 사용되었습니다. 우리나라에서도 신라 시대 유적지에서 '주령구'라는 이름의 주사위가 발견되었는데 사각형 면 6개와 육각형 면 8개로 이루어진 14면 주사위입니다.

눈의 수가 1부터 6까지인 정육면체 주사위의 눈의 합은 21입니다. 마주 보는 세 쌍의 눈의 합이 모두 같을 때, 마주 보는 눈의 합은 각각 얼마입니까?

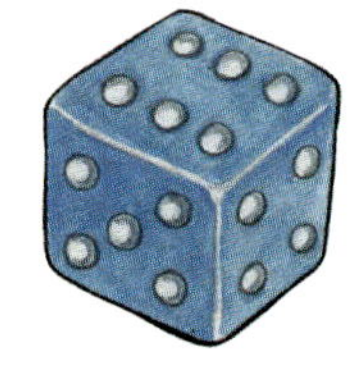

마주 보는 눈의 합이 7인 주사위를 다음과 같이 이어 붙였을 때 바닥면의 눈의 합을 구하시오.

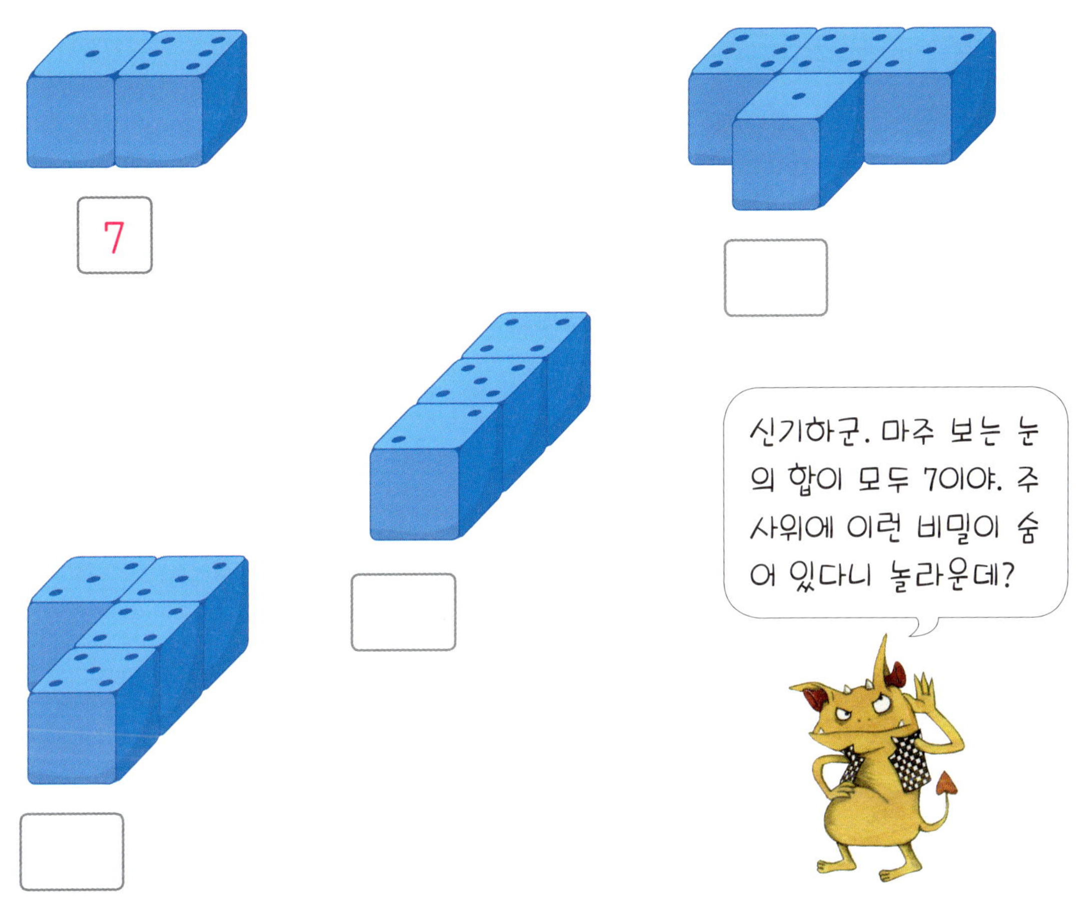

정육면체 모양 주사위는 마주 보는 눈의 합이 **7**입니다. 이를 주사위의 **칠점 원리**라고 합니다.

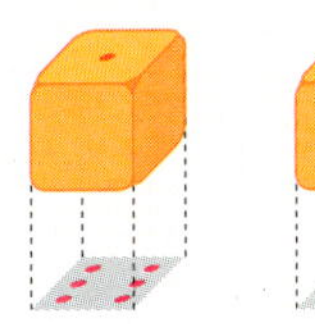 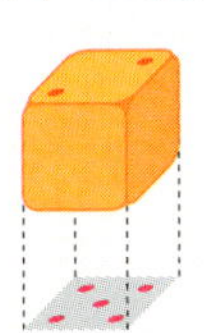 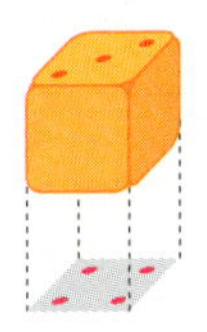 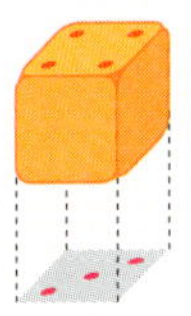 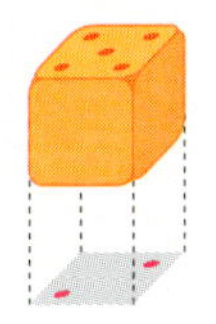 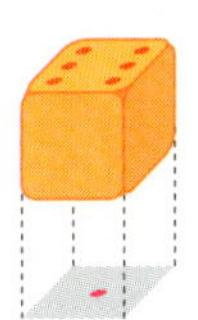

주사위의 칠점 원리

마주 보는 눈의 합이 7인 주사위 5개를 맞닿는 면의 눈의 합이 8이 되도록 오른쪽과 같이 쌓았습니다. 5층 주사위 윗면의 눈이 1일 때, 1층 주사위 바닥면의 눈의 수를 구해 봅시다.

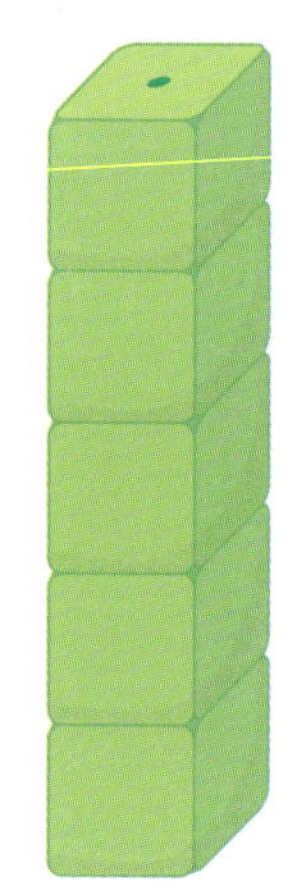

❶ 마주 보는 눈의 합이 7입니다. 5층 주사위 아랫면의 눈의 수를 구하시오.

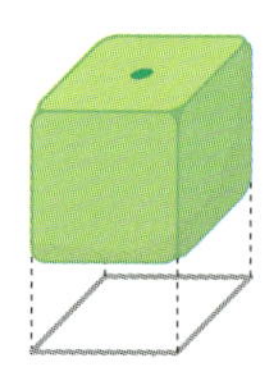

❷ 서로 맞닿는 면의 눈의 합이 8입니다. 4층 주사위 윗면의 눈의 수를 구하시오.

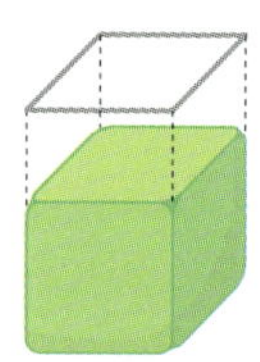

❸ 같은 방법으로 4층, 3층, 2층 주사위의 윗면, 아랫면에 알맞은 눈의 수를 각각 써넣으시오.

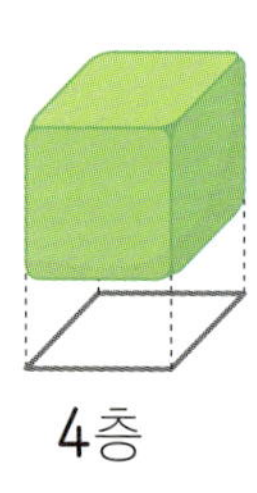

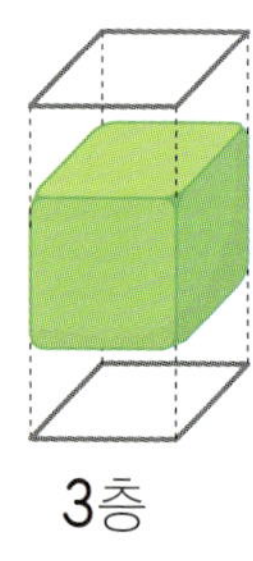

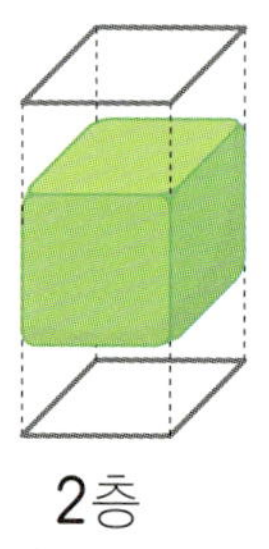

❹ 바닥면의 눈의 수는 얼마입니까?

1 마주 보는 눈의 합이 7인 주사위 3개를 맞닿은 면의 눈의 합이 6이 되도록 다음과 같이 이어 붙였습니다. 맨 뒤쪽 면의 눈의 수를 구하시오.

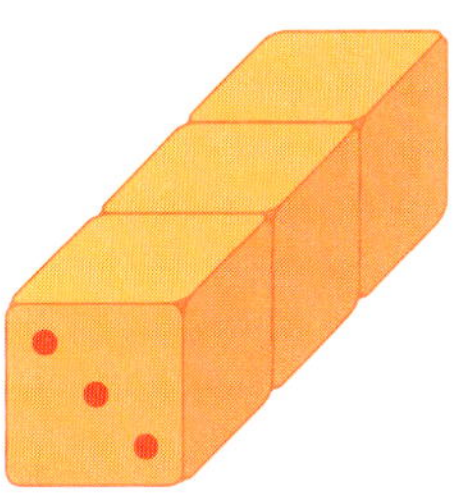

[좌회전 주사위]

2 마주 보는 눈의 합이 7이고, 눈의 수 1, 2, 3이 시계 반대 방향으로 놓여 있는 주사위 4개를 맞닿은 면의 눈의 합이 7이 되도록 다음과 같이 이어 붙였습니다. 색칠한 면의 눈의 수를 구하시오.

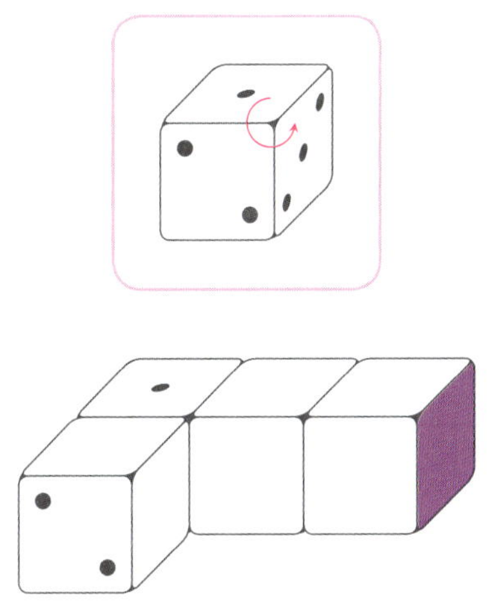

앞에 있는 주사위 뒷면의 눈은 5, 바로 뒤에 있는 주사위 앞면의 눈은?

겉면의 눈의 합

마주 보는 눈의 합이 7인 주사위 4개를 다음과 같이 이어 붙였습니다. 바닥면을 포함한 겉면의 눈의 합이 가장 클 때의 값을 알아봅시다.

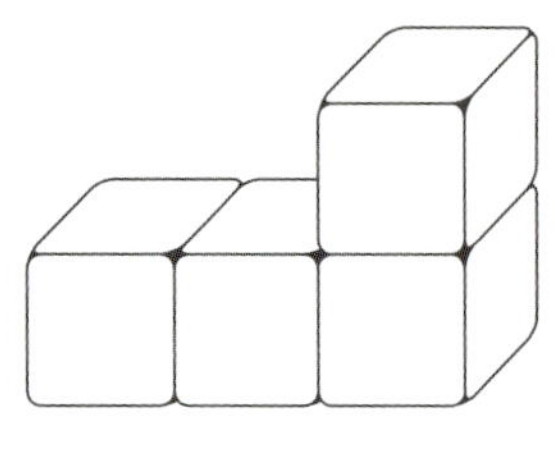

❶ 주사위 4개의 눈의 합을 구하시오.

❷ 주사위 겉면의 눈의 합이 가장 크려면 맞닿는 면의 눈의 크기는 어떠해야 합니까?

❸ 맞닿는 면 중 오른쪽 분홍색 두 면의 눈의 합은 주사위를 어떻게 돌려서 붙여도 항상 같습니다. 두 면의 눈의 합을 구하시오.

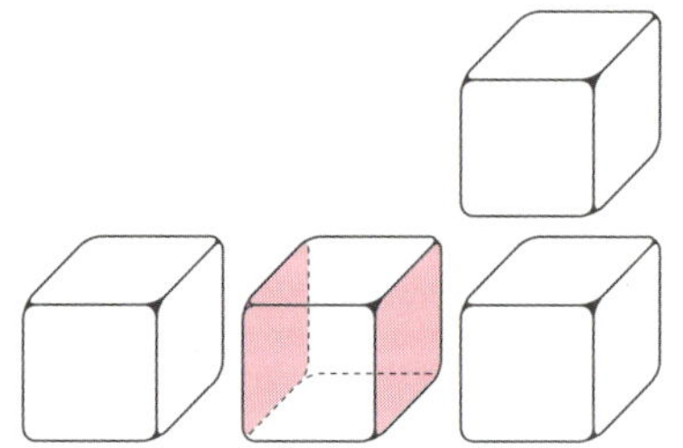

❹ 주사위 겉면의 눈의 합이 가장 크려면 오른쪽 하늘색 면에는 가장 작은 눈이 들어가야 합니다. 연두색 두 면에는 각각 어떤 눈이 들어가야 합니까?

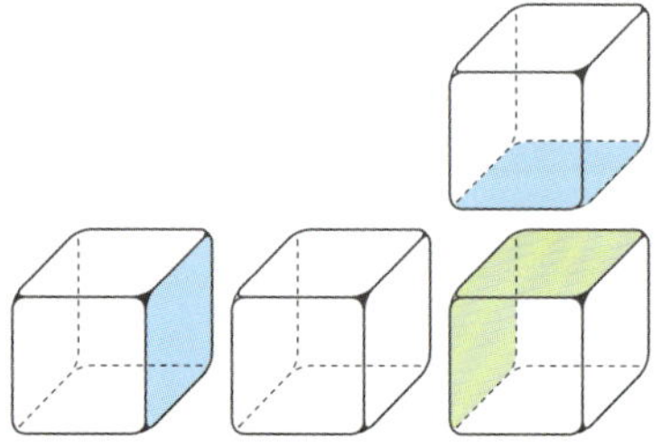

❺ 겉면의 눈의 합은 전체 면의 눈의 합에서 맞닿은 면의 눈의 합을 뺀 값과 같습니다. 겉면의 눈의 합이 가장 클 때의 값을 구하시오.

1 마주 보는 눈의 합이 7인 주사위 3개를 다음과 같이 이어 붙였습니다. 바닥면을 포함한 겉면의 눈의 합이 가장 작을 때의 값을 구하시오.

맞닿은 면에 있는 눈이 클수록 겉면의 눈의 합은 작아지지.

2 마주 보는 눈의 합이 7인 주사위 4개를 다음과 같이 쌓았습니다. 바닥면을 포함한 겉면의 눈의 합이 가장 클 때의 값을 구하시오.

5 주사위를 펼친 모양

아인와 친구들은 종이로 만든 주사위 모양을 펼쳐서 주사위를 펼친 모양을 알아보려고 합니다. 굵은 선을 따라 잘라서 펼친 모양은 다음과 같습니다.

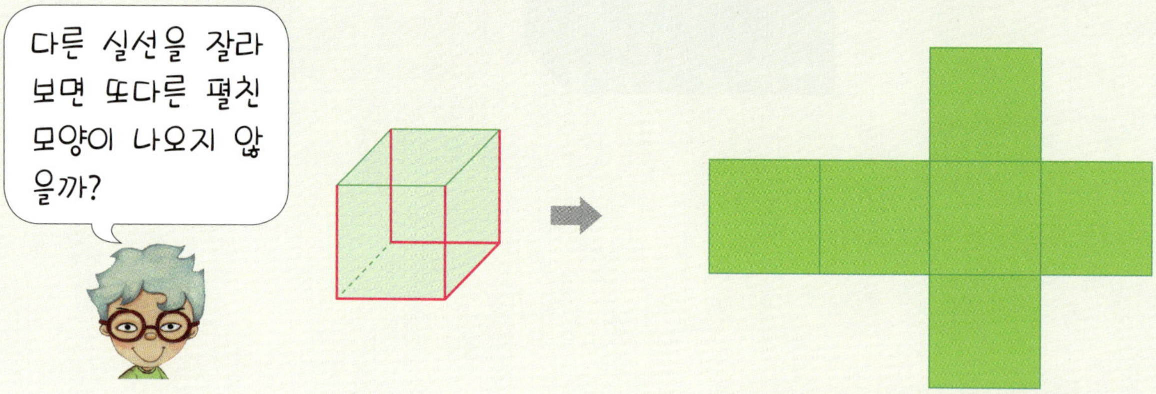

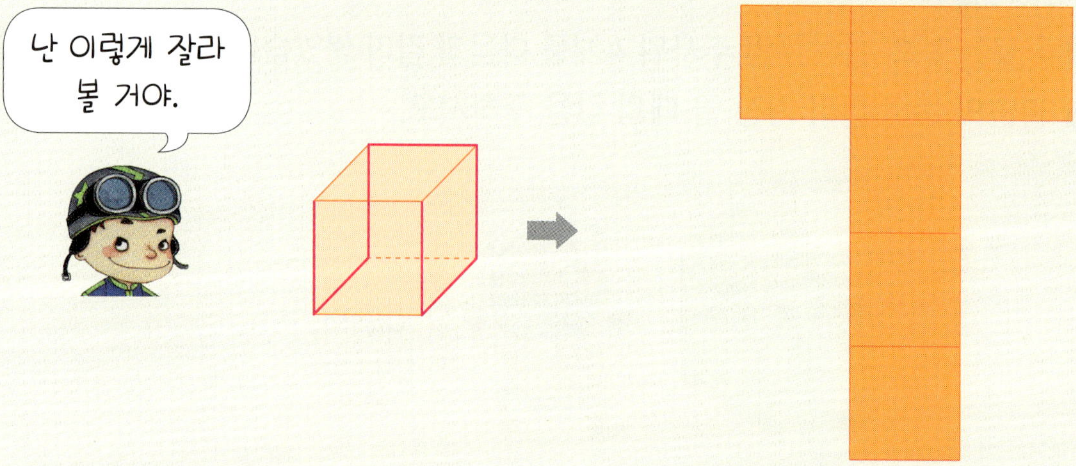

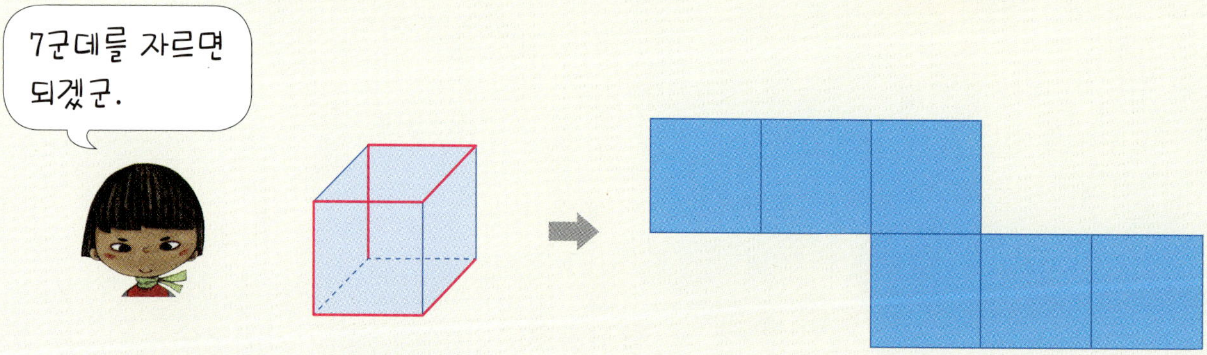

주사위를 펼친 모양은 모두 11가지가 있습니다. 잘못된 1가지를 찾아 ◯표 하시오.

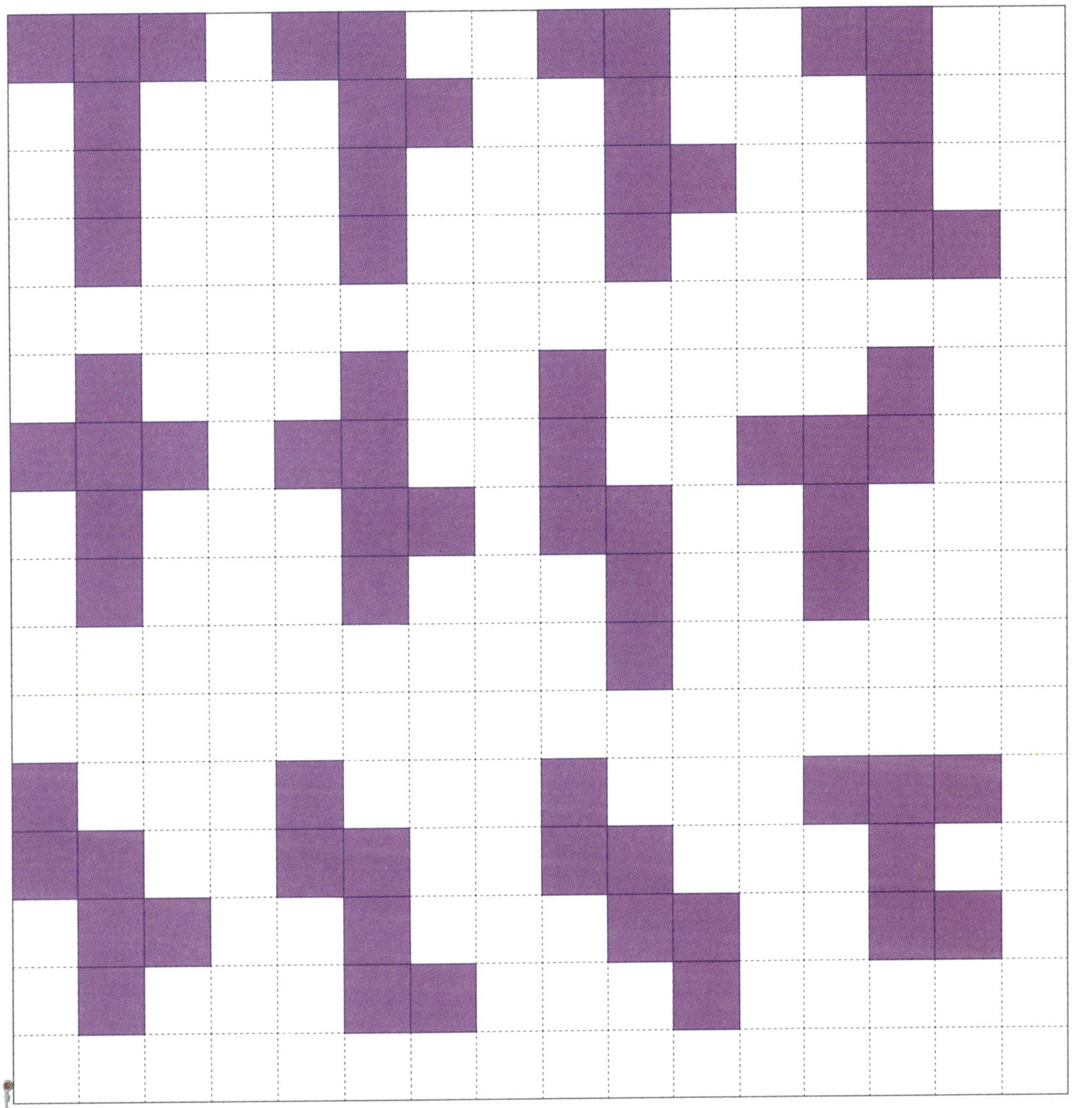

노크 포인트

주사위를 펼친 모양이 될 수 없는 것

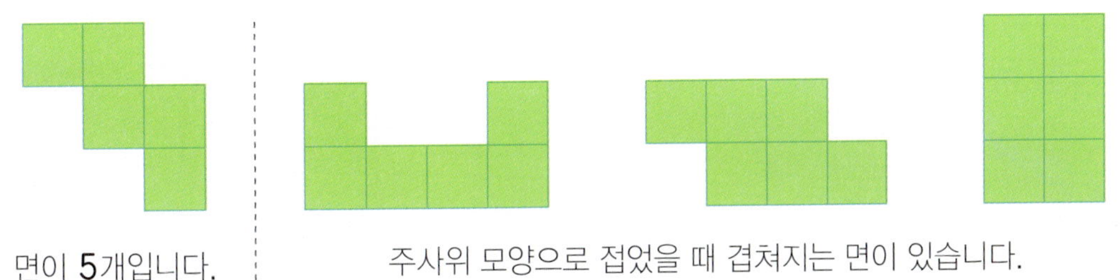

면이 5개입니다.　　　　　　주사위 모양으로 접었을 때 겹쳐지는 면이 있습니다.

마주 보는 눈의 합이 **7**이 되도록 주사위를 펼친 모양의 빈 곳에 알맞게 눈을 그려 넣어 봅시다. (단, 주사위 눈의 방향은 상관없이 눈의 수만 올바르면 됩니다.) 준비물 주사위

❶ 펼친 모양으로 주사위를 만들었을 때, 마주 보는 면에 같은 글자를 써넣으시오.

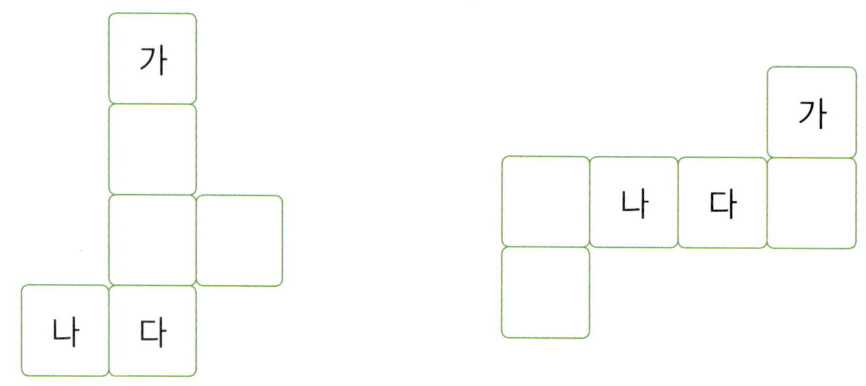

❷ 마주 보는 눈이 합이 **7**이 되도록 빈 곳에 알맞게 눈을 그려 넣으시오.

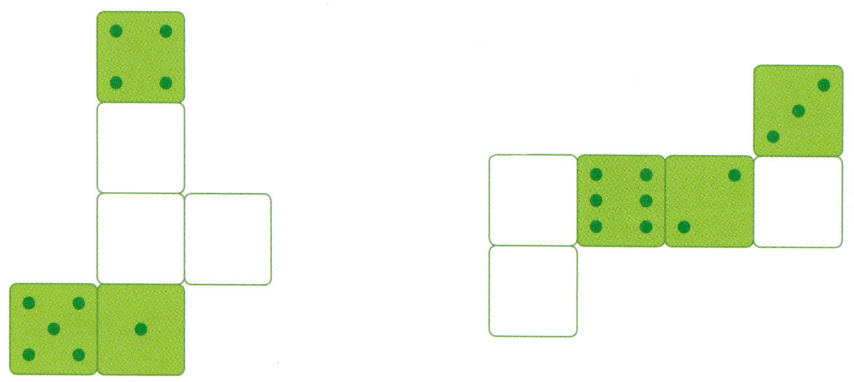

1 다음 펼친 모양으로 주사위를 만들었을 때, 마주 보는 면을 같은 색으로 칠해 보시오.

준비물 주사위

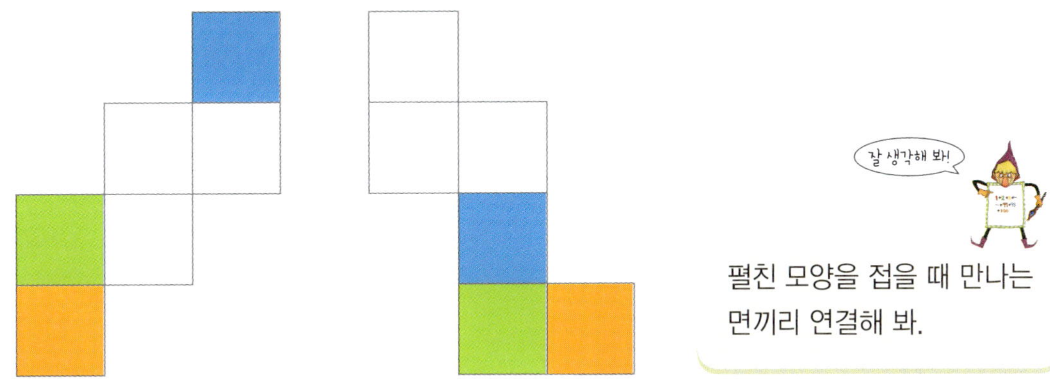

2 마주 보는 눈의 합이 7이 되지 않는 주사위를 펼친 모양의 기호를 쓰시오.

준비물 주사위

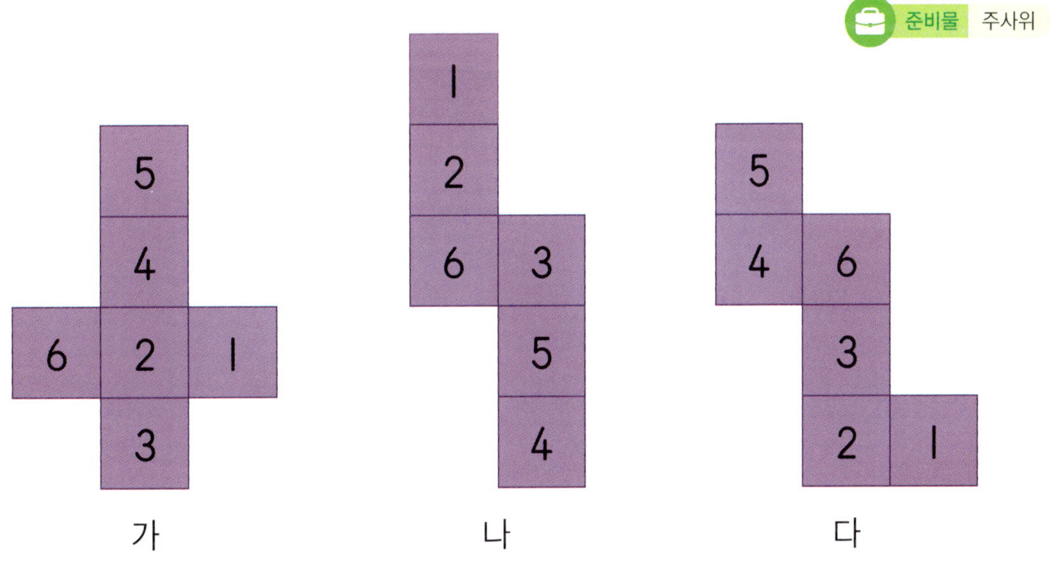

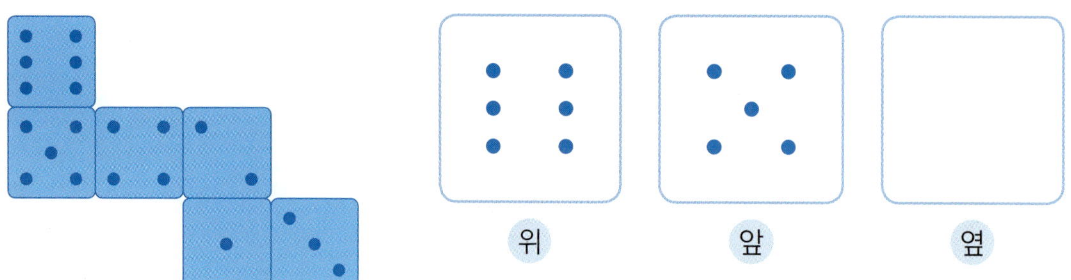

주사위 위, 앞, 옆

다음 펼친 모양으로 주사위를 만들었을 때, 오른쪽 옆에서 본 눈을 알맞게 그려 넣어 봅시다.

❶ 다음은 색칠한 부분을 ●을 중심으로 접었을 때의 주사위 모양입니다. 위, 오른쪽 옆에서 본 눈을 그려 보시오.

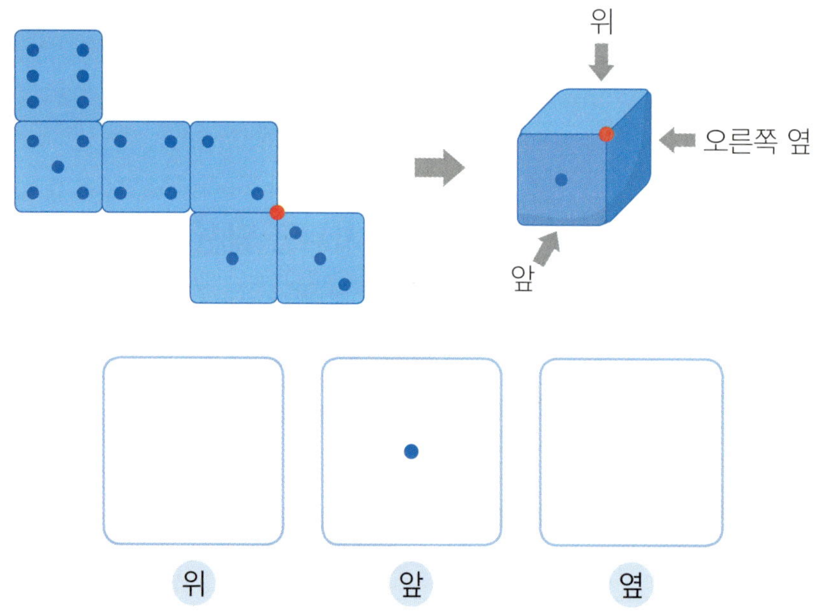

❷ 같은 방법으로 4, 5, 6의 눈이 만나는 곳에 점을 찍고 5의 눈이 앞이 되도록 접었을 때의 모양을 생각하여 오른쪽 옆에서 본 눈을 그려 보시오.

1 다음 펼친 모양으로 주사위를 만들었을 때, 나올 수 없는 모양의 기호를 쓰시오.

준비물 주사위

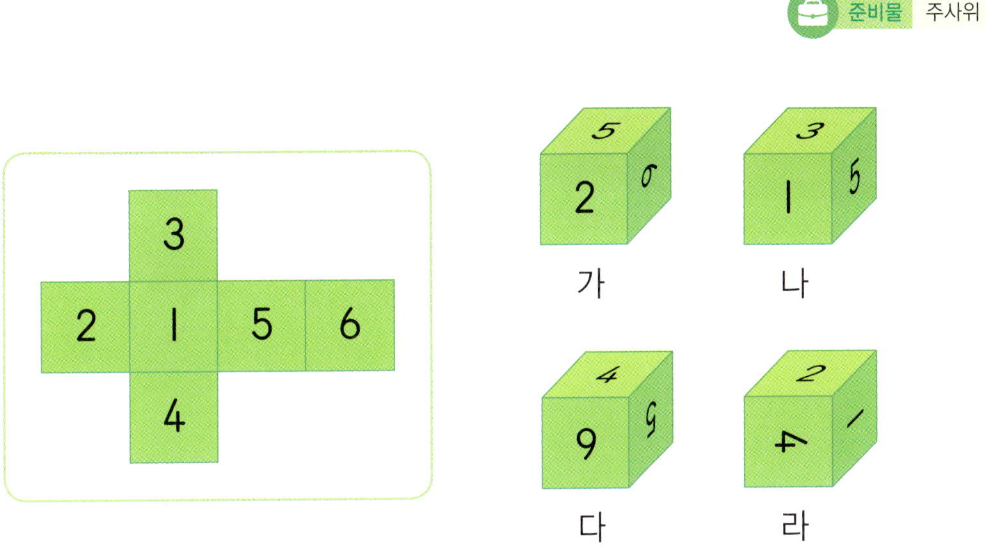

2 다음은 도형이 그려진 주사위입니다. 이 주사위의 펼친 모양에 그림을 알맞게 그려 넣으시오. 단, 주사위의 보이지 않는 부분에는 그림이 없습니다.

준비물 주사위

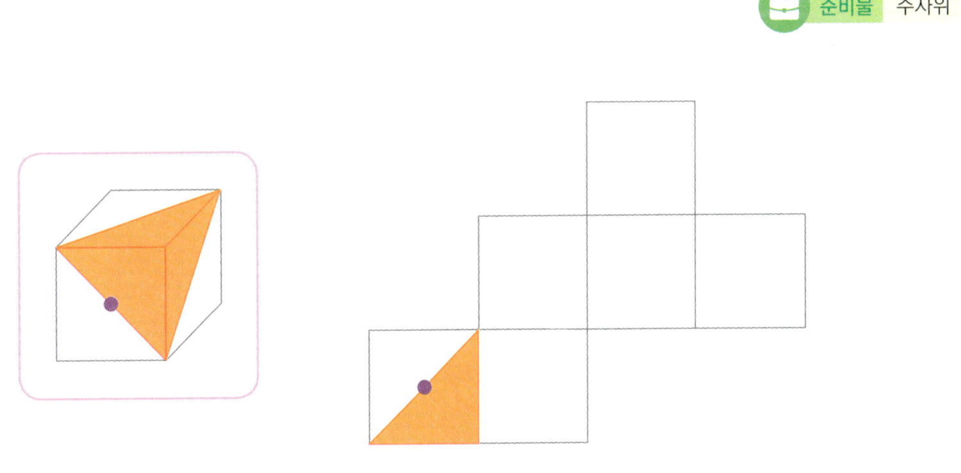

6

롤링 다이스

지오는 둥근 공 모양으로 주사위를 만들었습니다.

태경이는 넓은 상자 모양으로 주사위를 만들었습니다.

초이는 삼각형 면 **4**개로 된 뿔 모양 주사위를 만들었습니다.

세 사람이 만든 주사위의 단점을 각각 생각해 봅시다.

주사위를 다음과 같이 한 칸씩 굴렸을 때, 위, 앞, 오른쪽 옆 방향에서 본 눈을 각각 그려 보시오. 단, 주사위 눈의 방향은 상관없이 눈의 수만 올바르면 됩니다.

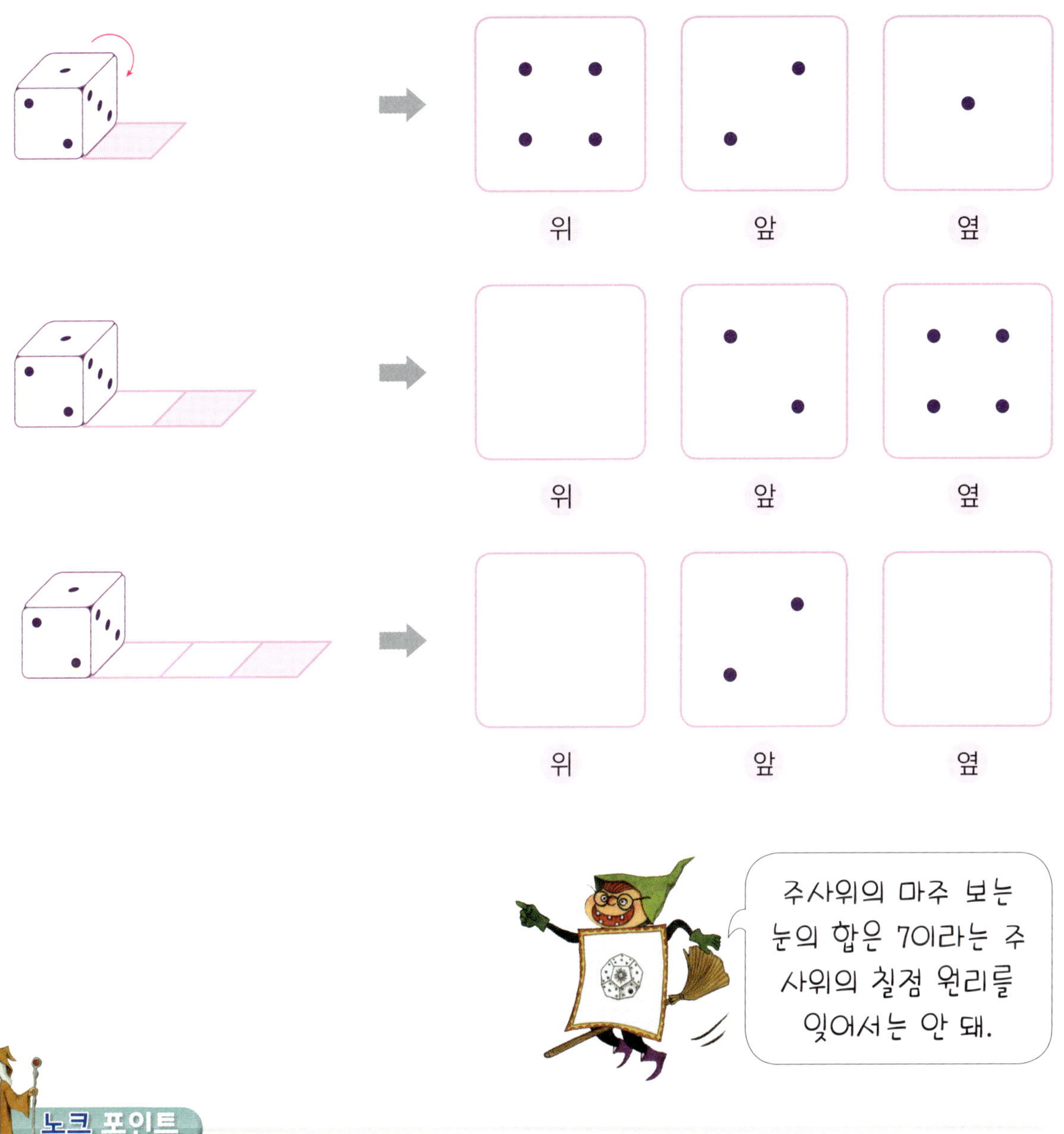

주사위에 알맞은 입체도형은 다음과 같은 조건에 맞아야 합니다.

① 잘 구르는 모양이어야 합니다.
② 구르다가도 바닥에 반듯하게 놓이면서 멈춰야 합니다.
③ 각 면이 나올 가능성이 최대한 비슷해야 합니다.
④ 멈췄을 때 어느 면이 윗면인지 알아볼 수 있어야 합니다.

한 방향 굴리기

마주 보는 눈의 합이 7인 주사위를 오른쪽으로 한 칸씩 10번 굴렸을 때, 바닥면의 눈의 수를 구해 봅시다.

❶ 주사위를 굴리기 전에 바닥면의 눈의 수는 얼마입니까?

❷ 주사위를 한 번 굴렸을 때와 두 번 굴렸을 때 바닥면의 눈의 수는 각각 얼마입니까?

❸ 주사위를 세 번 굴리면 한 번 굴렸을 때의 바닥면과 마주 보는 면이 바닥면이 됩니다. 세 번 굴렸을 때 바닥면의 눈의 수는 얼마입니까?

❹ 주사위를 네 번 굴리면 굴리기 전과 같은 면이 바닥면이 됩니다. 주사위를 오른쪽으로 한 칸씩 굴렸을 때 바닥면의 눈의 수가 반복되는 규칙을 설명해 보시오.

❺ 주사위를 10번 굴렸을 때 바닥면의 눈의 수는 얼마입니까?

1 [데굴데굴 주사위]

마주 보는 눈의 합이 7인 주사위를 같은 방향으로 한 칸씩 8번 굴렸을 때, 바닥면의 눈의 수를 구하시오.

주사위를 같은 방향으로 4번씩 굴릴 때마다 바닥면의 눈의 수는 같은 패턴으로 반복된단다.

2 [구르는 주사위 수수께끼]

마주 보는 눈의 합이 7인 주사위를 같은 방향으로 한 칸씩 13번 굴리면서 각 바닥면의 눈의 수를 모두 더했더니 44가 되었습니다. 주사위를 13번 굴렸을 때 윗면의 눈의 수를 구하시오.

한 방향으로 4번 굴릴 때까지의 바닥면의 수의 합은 항상 14가 돼. 왜 그런지 잘 생각해 봐.

바닥면의 눈

마주 보는 눈의 합이 7인 주사위를 다음과 같이 한 칸씩 굴렸을 때, 마지막 칸에서 바닥면의 눈의 수를 구해 봅시다.

❶ 오른쪽으로 한 번 굴렸을 때 주사위의 위, 앞, 오른쪽 옆 모양을 생각하여 오른쪽 주사위의 빈 곳에 눈의 수를 써넣으시오.

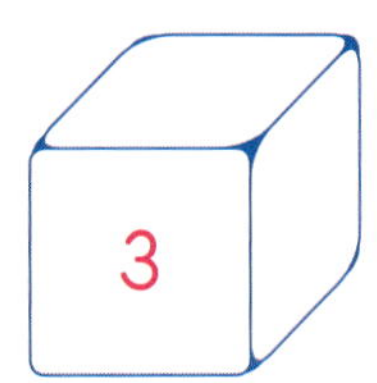

❷ 주사위를 앞으로 한 번 더 굴리면 오른쪽으로 한 번 굴린 주사위의 앞면이 바닥면이 됩니다. 오른쪽 주사위의 빈 곳에 2칸 굴린 주사위의 눈의 수를 써넣으시오.

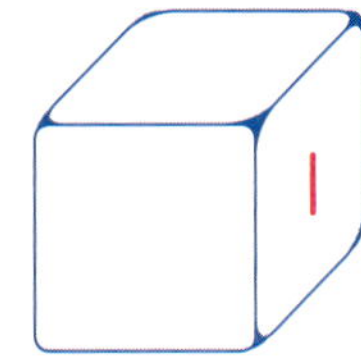

❸ 같은 방법으로 3칸, 4칸 굴린 주사위의 눈의 수를 써넣으시오.

3칸 굴린 주사위

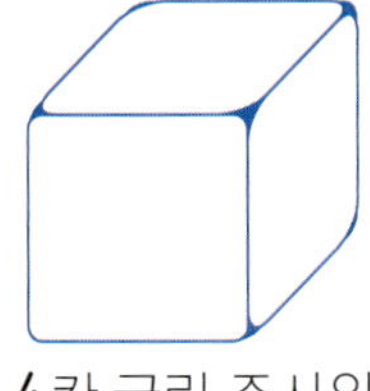

4칸 굴린 주사위

❹ 마지막 칸에서 바닥면의 눈의 수는 얼마입니까?

1 마주 보는 눈의 합이 7인 주사위를 다음과 같이 한 칸씩 굴려서 처음 자리로 돌아왔습니다. 돌아온 주사위의 바닥면의 눈의 수를 구하시오.

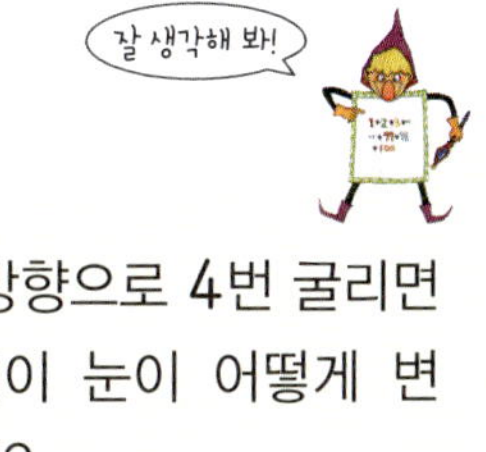

2 다음과 같은 판 위에 마주 보는 눈의 합이 7인 주사위를 윗면의 눈이 5가 되게 놓은 후, 색칠한 칸을 따라 한 칸씩 굴렸습니다. 마지막 칸에서 바닥면의 눈의 수를 구하시오.

창의적 문제해결력

1 마주 보는 눈의 합이 7인 주사위 5개를 다음과 같이 쌓았습니다. 바닥면을 포함하여 보이지 않는 9개 면의 눈의 합을 구하시오.

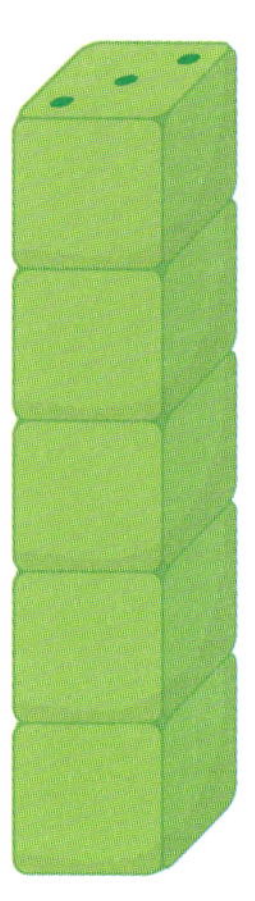

2 마주 보는 눈의 합이 7인 주사위 4개를 다음과 같이 이어 붙였습니다. 바닥면을 포함한 겉면의 눈의 합이 가장 작을 때의 값을 구하시오.

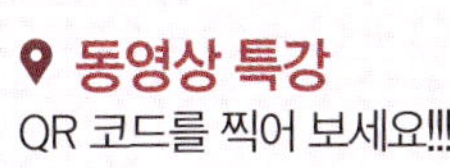

3 정삼각형 면 8개로 1부터 8까지의 수가 적힌 주사위를 만들려고 합니다. 주사위의 마주 보는 면에 있는 수의 합이 모두 같도록 펼친 모양의 빈 곳에 알맞은 수를 써넣으시오.

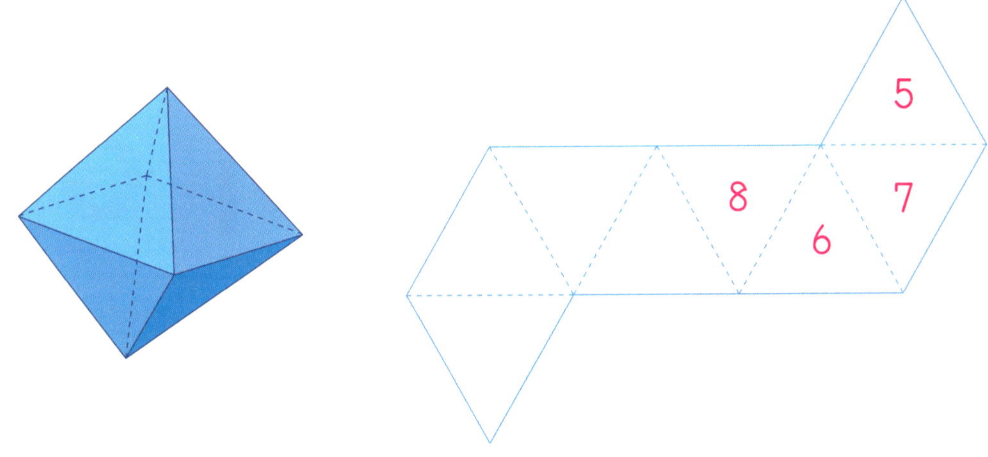

4 마주 보는 눈의 합이 7인 주사위를 다음과 같이 놓고 오른쪽이나 앞쪽으로 한 칸씩 굴리려고 합니다. 바닥면의 눈의 수와 바닥의 수가 같아지는 방향으로만 굴릴 수 있을 때, 주사위가 지나가는 칸에 모두 색칠하시오.

색종이 아트

색종이 접어 자르기

초이는 규칙없이 자유로운 모양보다는 조화롭게 여러 규칙들이 어우러진 모양을 좋아합니다.

초이는 위아래로 뒤집어도, 좌우로 뒤집어도 원래 모양과 같은 무늬를 좋아합니다. 초이가 좋아하는 무늬가 되도록 모양의 나머지 부분을 완성해 보시오.

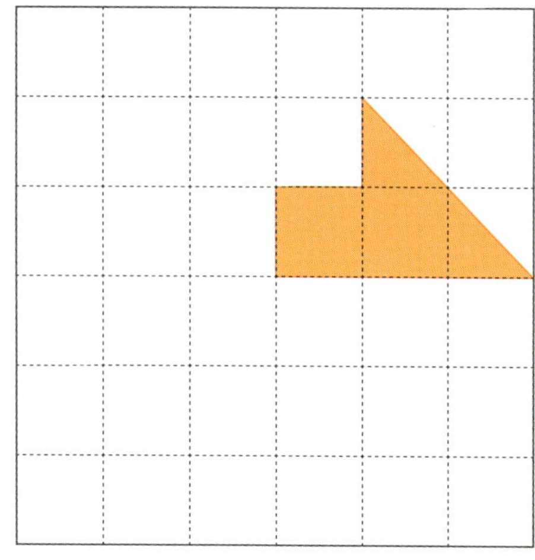

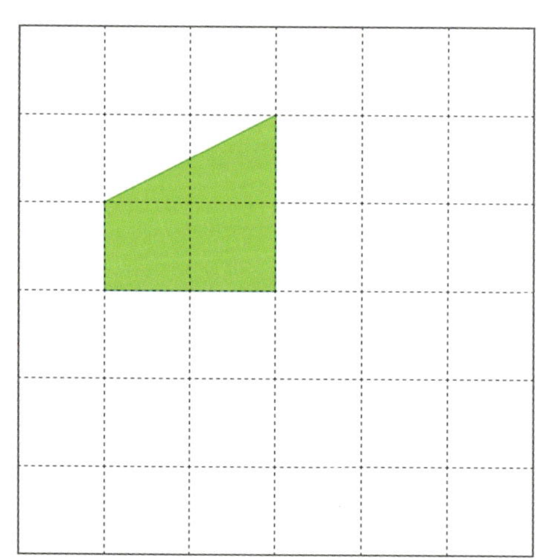

정사각형 모양 색종이를 다음과 같이 두 번 접어서 잘라 낸 후 펼친 모양을 그려 보시오.

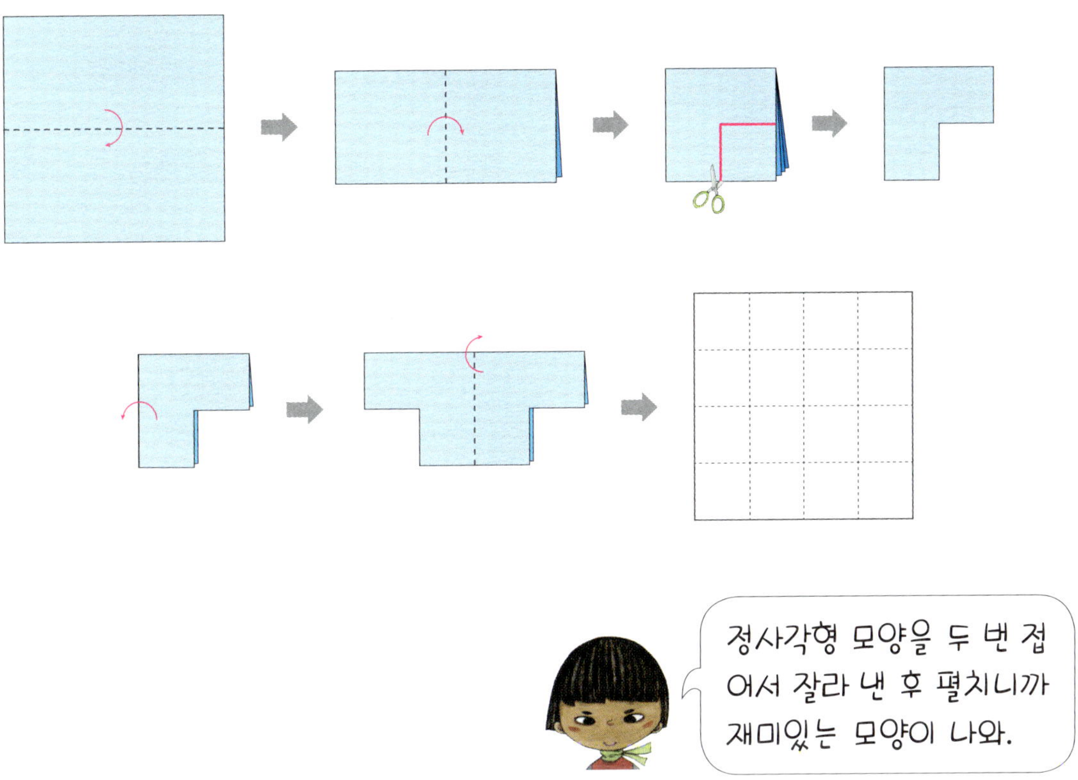

색종이를 접어서 자른 것을 다시 펼칠 때, 펼친 모양은 접은 순서를 반대로 생각하여 그립니다.

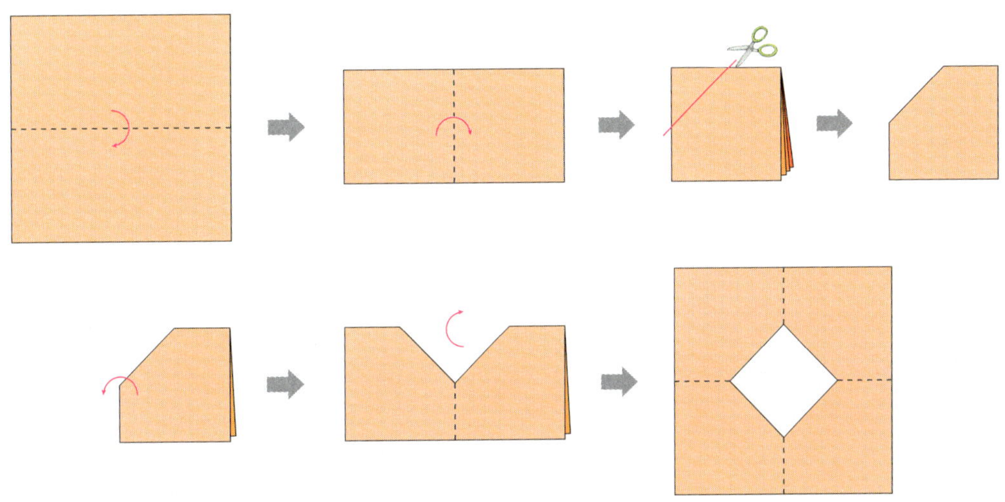

 # 자르고 펼친 모양

정사각형 모양 색종이를 다음과 같이 3번 접어서 색칠한 부분을 잘라 낸 후 펼친 모양을 그려 봅시다.

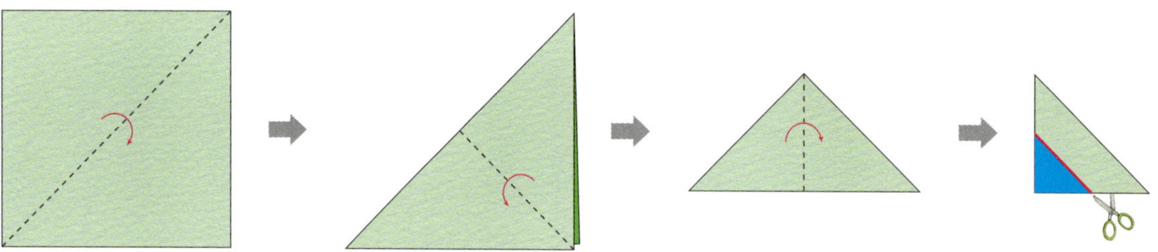

❶ 색종이를 한 번 펼친 모양을 그려 보시오.

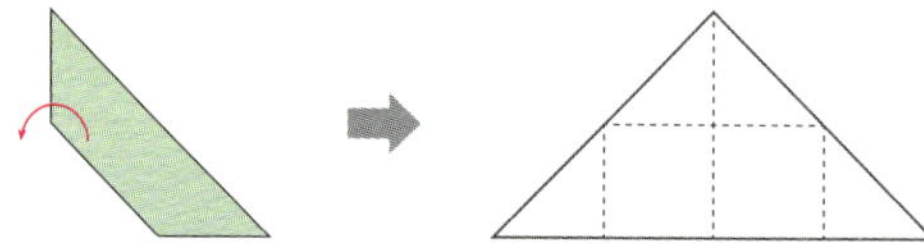

❷ 색종이를 두 번 펼친 모양은 빨간색 선을 기준으로 서로 마주 보도록 한 번 펼친 모양과 같은 모양을 한 번 더 그리면 됩니다. 두 번 펼친 모양을 그려 보시오.

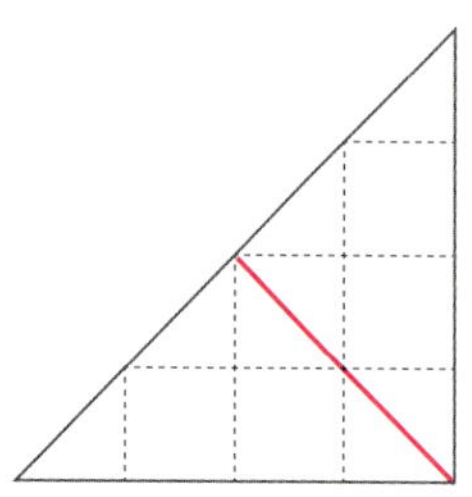

❸ 색종이를 세 번 펼친 모양은 빨간색 선을 기준으로 서로 마주 보도록 두 번 펼친 모양과 같은 모양을 한 번 더 그리면 됩니다. 세 번 펼친 모양을 그려 보시오.

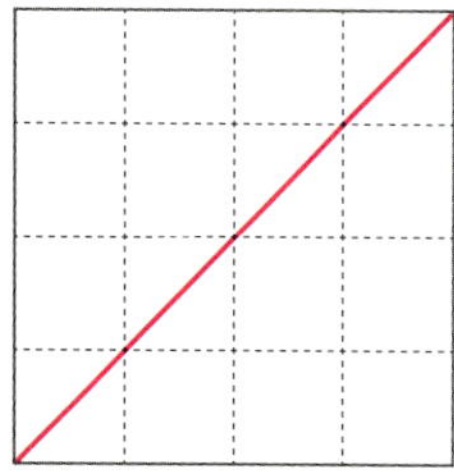

1 **정사각형 모양 색종이를 다음과 같이 접어서 잘라 낸 후 펼친 모양을 그려 보시오.**

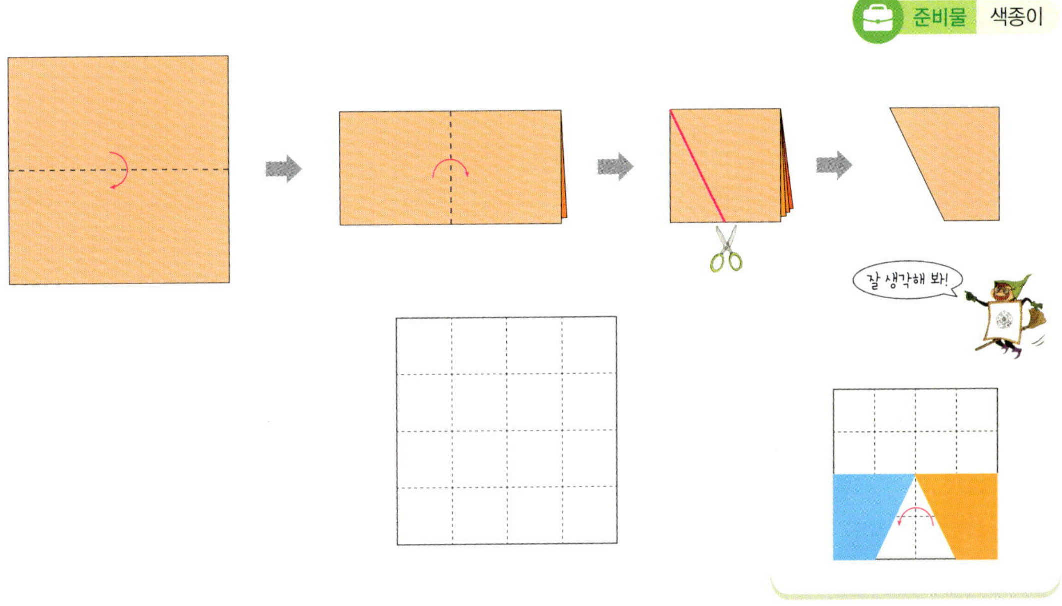

2 **정사각형 모양 색종이를 다음과 같이 접어서 둥글게 잘라 낸 후 남은 부분을 펼친 모양을 그려 보시오.**

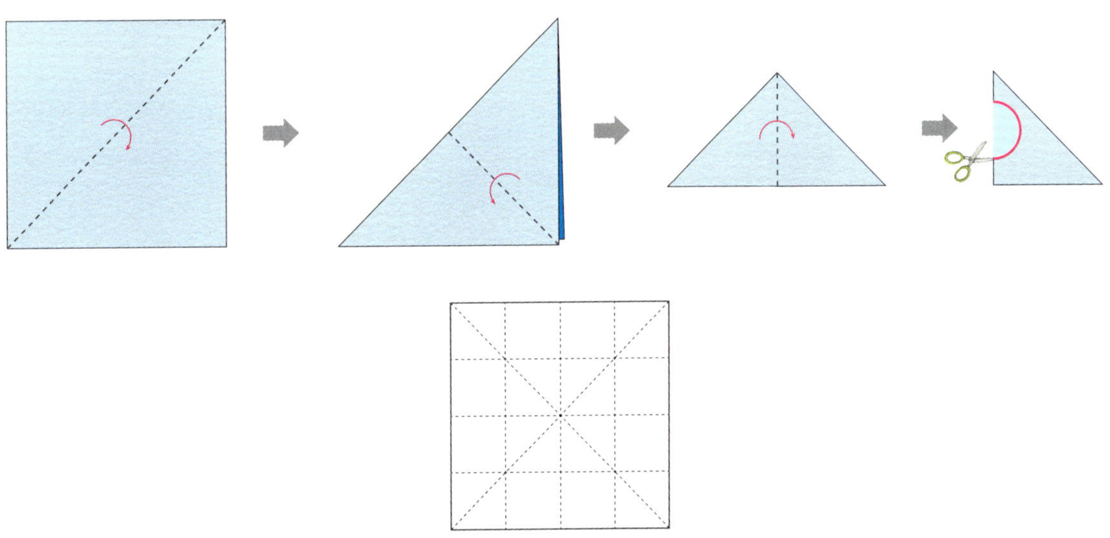

자르는 선

정사각형 모양 색종이를 다음과 같이 접어서 자른 후 펼친 모양이 오른쪽과 같습니다.
가위로 잘라 낸 부분을 색종이를 두 번 접은 모양에 나타내어 봅시다. 준비물 색종이

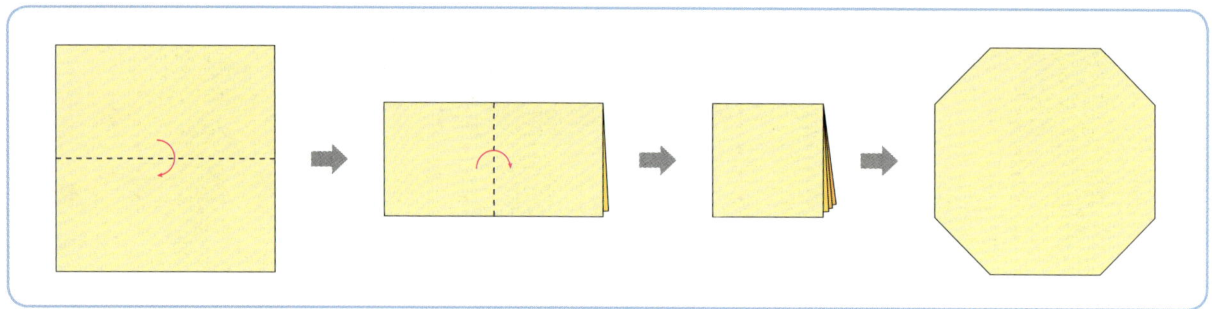

❶ 펼친 모양을 점선을 따라 아래로 접은 모양을 그려 보시오.

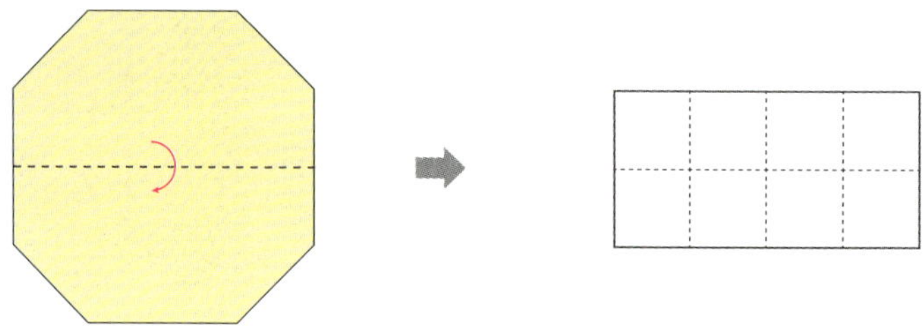

❷ ❶에서 접은 모양을 다시 한 번 오른쪽으로 접은 모양을 그려 보시오.

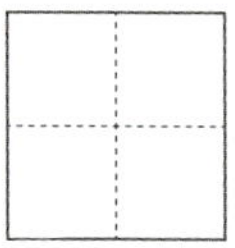

❸ 두 번 접은 색종이에 가위로 잘라 낸 부분을 표시해 보시오.

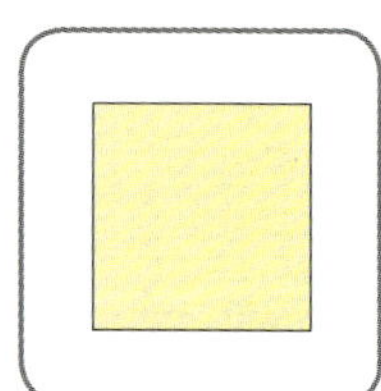

1 정사각형 모양 색종이를 다음과 같이 접어서 자른 후 펼친 모양이 오른쪽과 같습니다. 가위로 잘라 낸 부분을 색종이를 두 번 접은 모양에 나타내어 보시오.

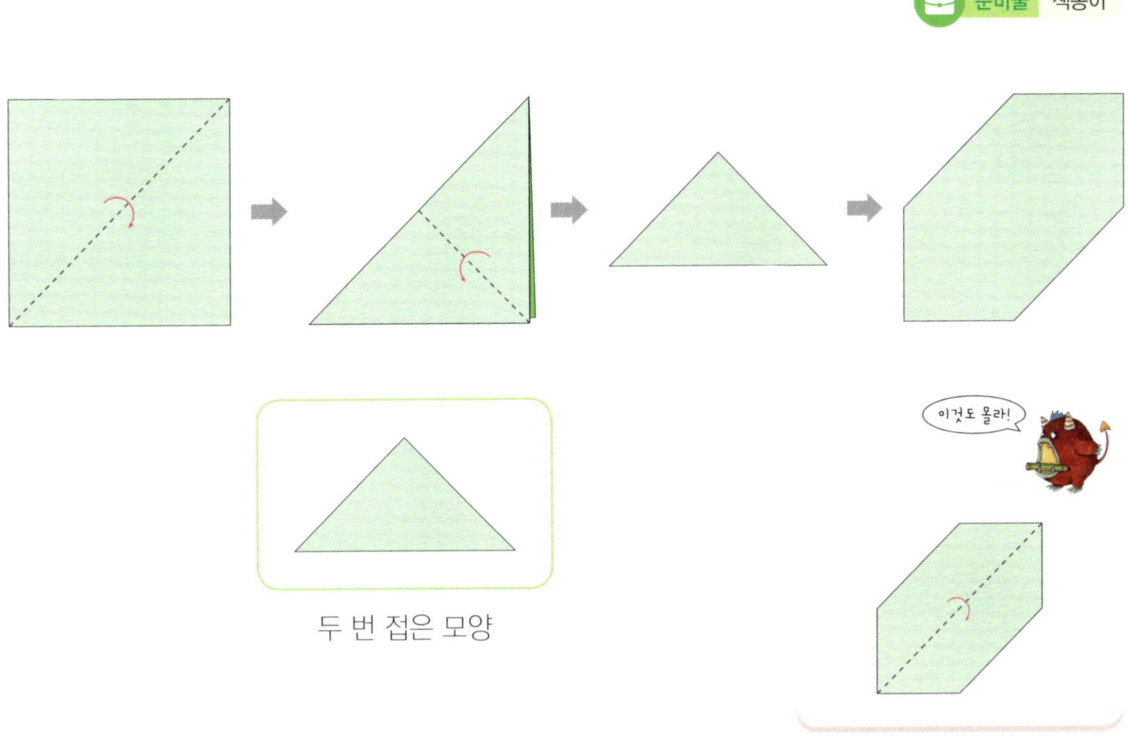

2 일정한 간격으로 모눈이 있는 색종이를 다음과 같이 접어서 자른 후 펼친 모양이 오른쪽과 같습니다. 가위로 잘라 낸 부분을 아래 색종이에 나타내어 보시오.

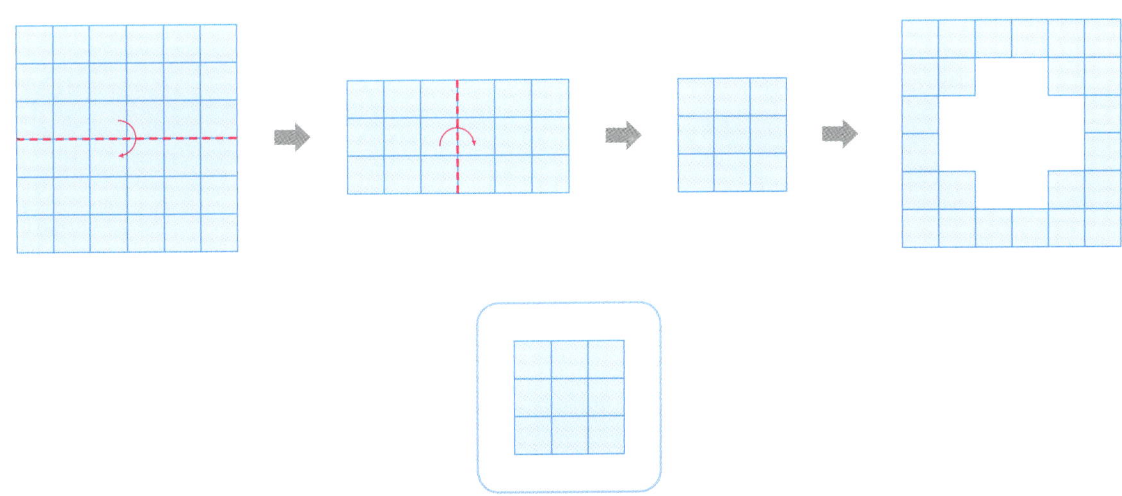

8 색종이 잘라 나누기

지오와 아인이는 칼질을 세 번만 해서 케이크를 최대한 많은 조각으로 나누는 방법을 이야기하고 있습니다.

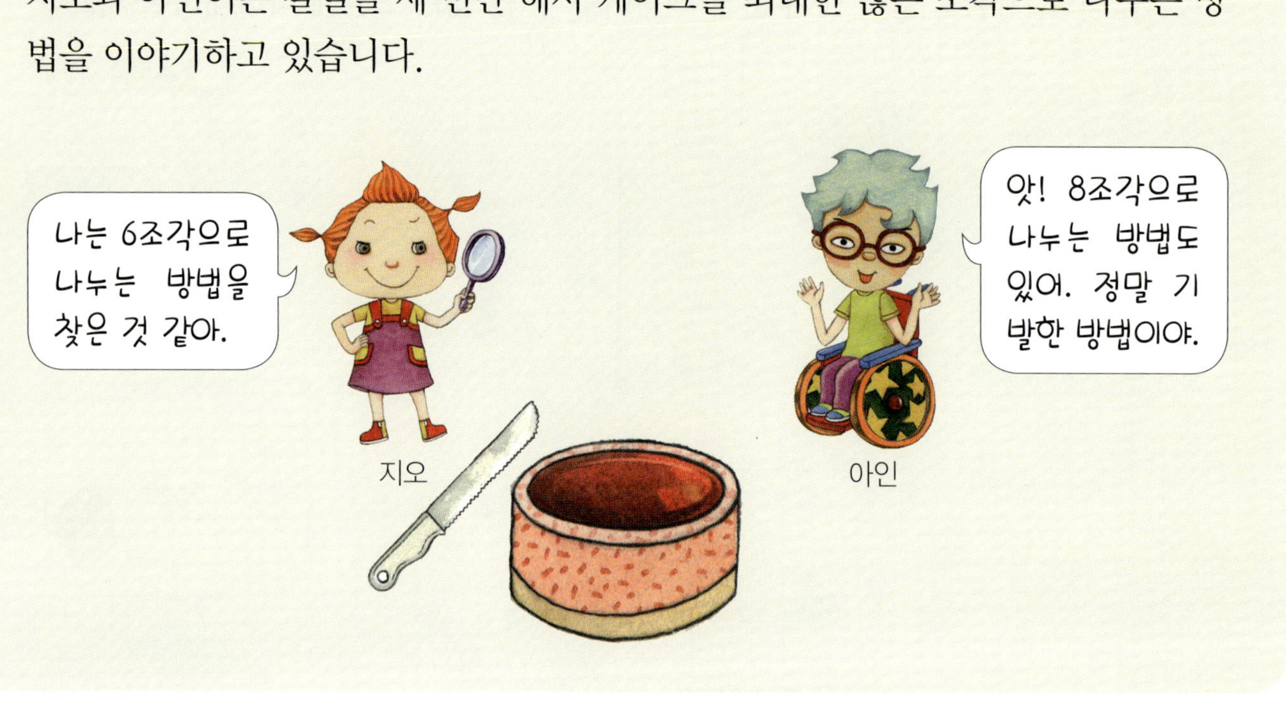

지오와 아인이가 찾은 방법을 각각 그림으로 나타내어 보시오.

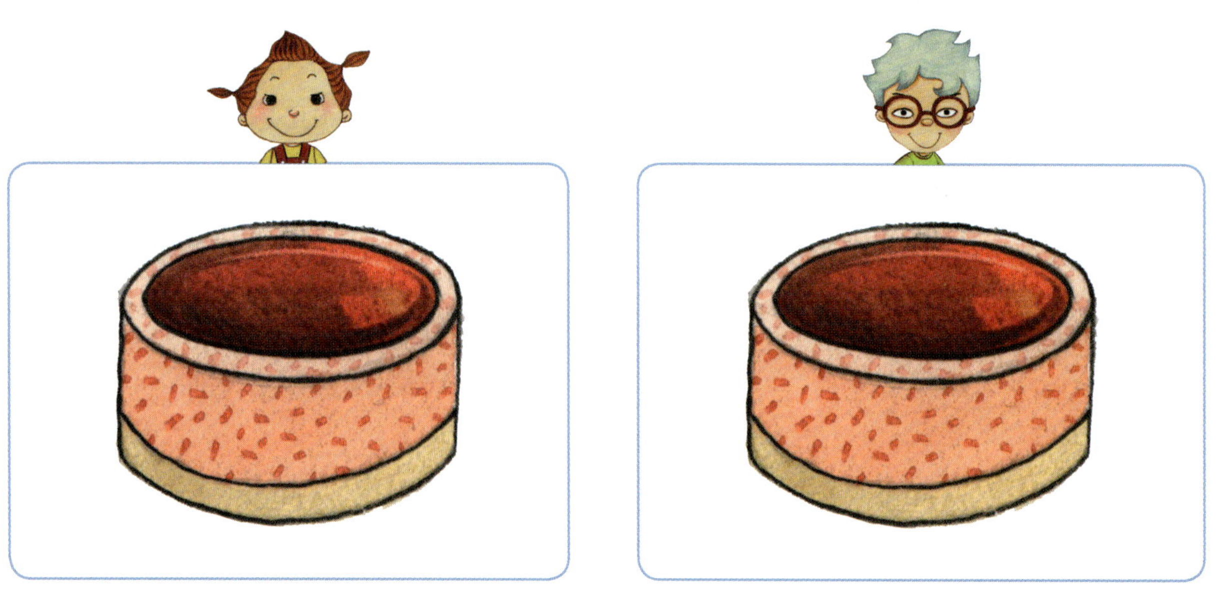

정사각형 모양 색종이를 다음과 같이 두 번 접어서 선을 따라 잘랐을 때 나오는 도형을 모두 그려 보시오.

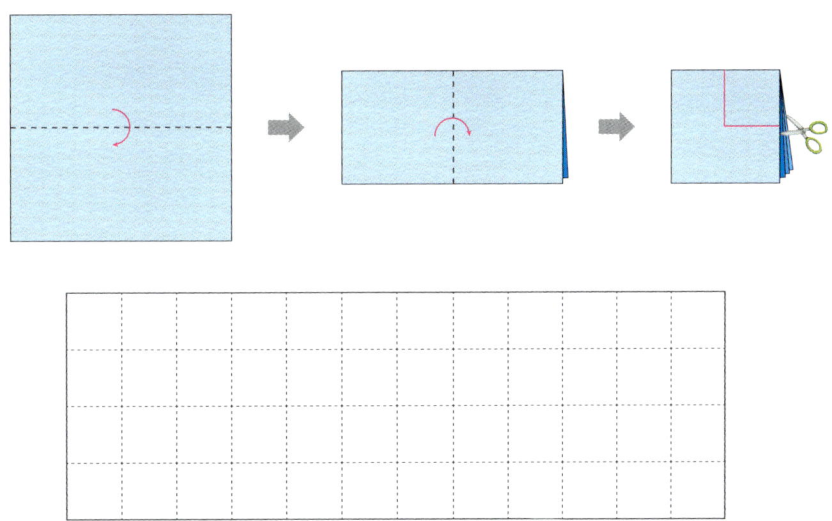

색종이를 접어서 잘랐을 때 나누어지는 부분을 알아보려면 접은 순서와 반대로 한 번씩 펼치면서 나누는 선을 그려 봅니다.

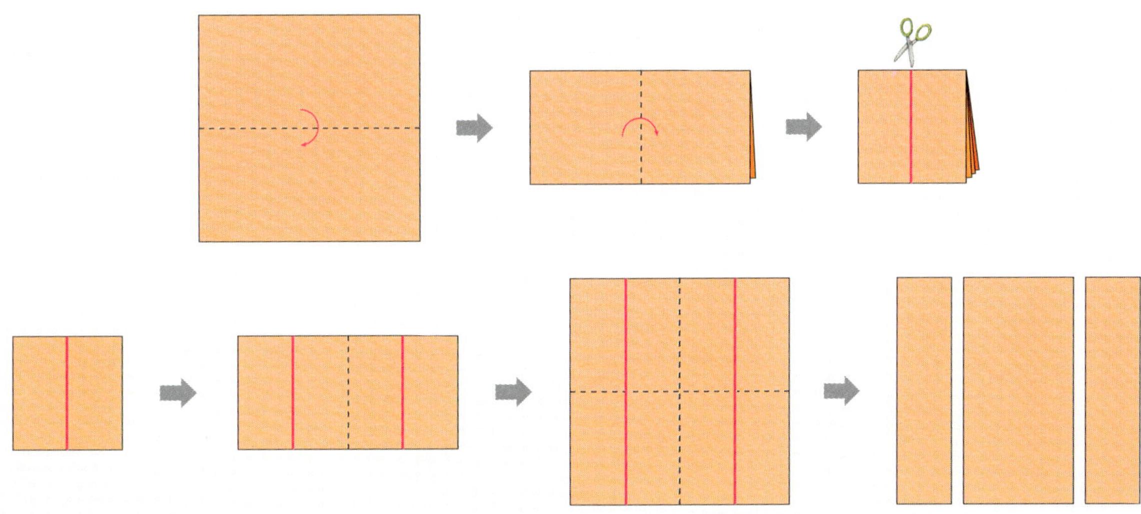

잘린 도형의 수

정사각형 모양 색종이를 다음과 같이 두 번 접어서 선을 따라 잘랐을 때 나오는 도형을
종류별로 모두 그리고, 각 도형의 수를 구해 봅시다.

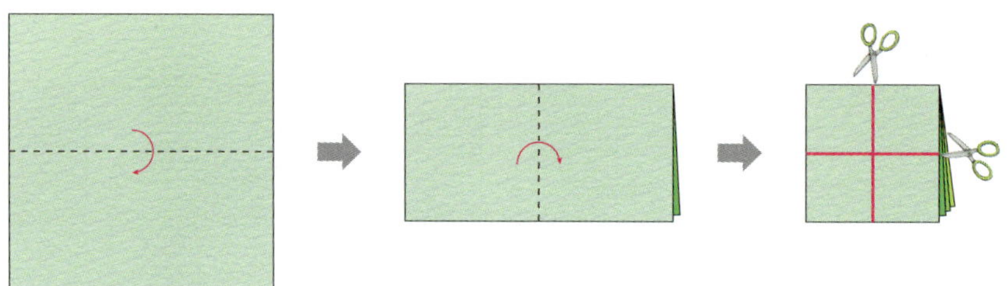

❶ 색종이를 한 번 펼친 모양 위에 잘리는 선을 그려 보시오.

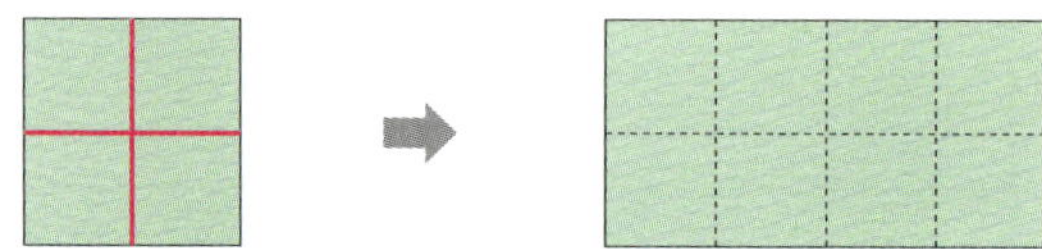

❷ 색종이를 두 번 펼친 모양 위에 잘리는 선을 그려 보시오.

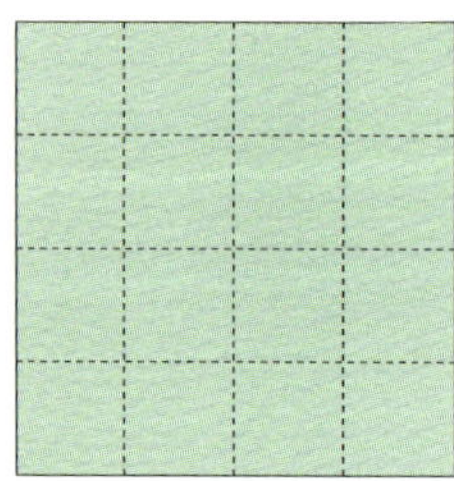

❸ ❷의 펼친 모양 위에 그려진 선을 보고 선을 따라 잘랐을 때 나오는 도형을 종
류별로 모두 그리고, 각 도형의 수를 세어 보시오.

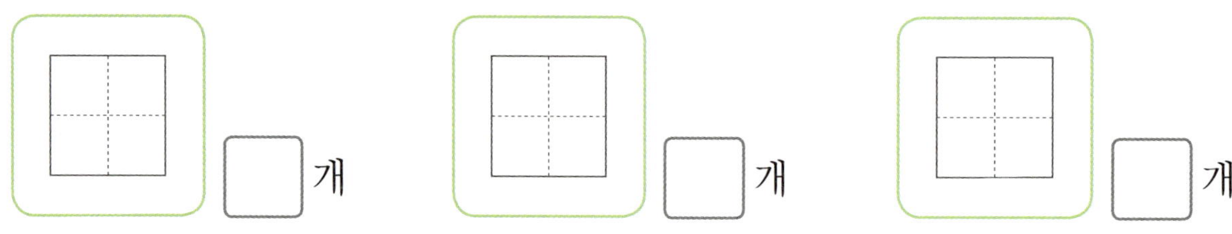

1 정사각형 모양 색종이를 다음과 같이 두 번 접어서 선을 따라 잘랐을 때 나오는 도형 중 가장 큰 도형을 그려 보시오.

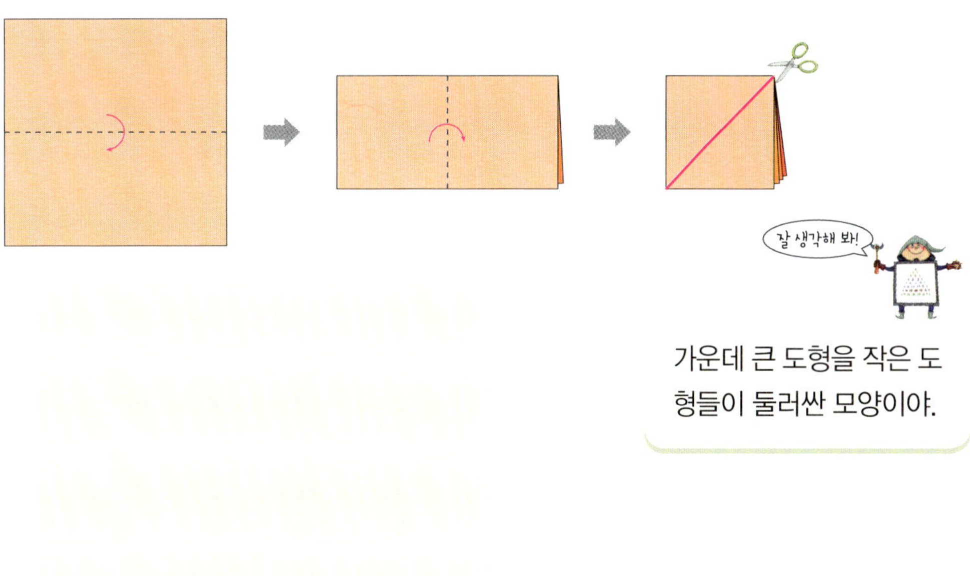

가운데 큰 도형을 작은 도형들이 둘러싼 모양이야.

2 정사각형 모양 색종이를 다음과 같이 접어서 선을 따라 두 번 잘랐을 때 나오는 도형은 모두 몇 개입니까?

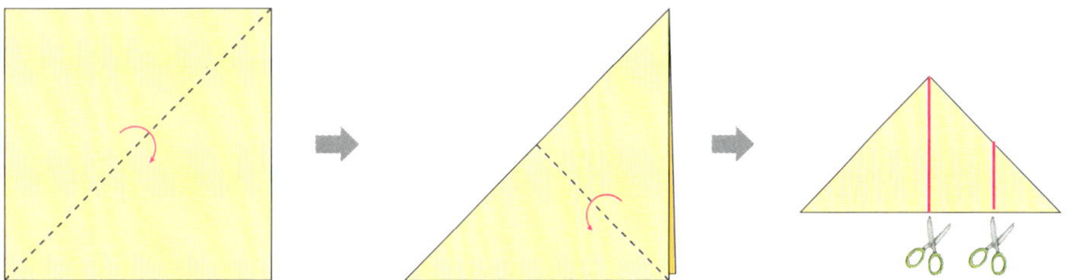

색종이 수 퍼즐

다음과 같이 수가 적힌 색종이를 접어서 자른 후 펼쳤을 때, 잘려나간 부분을 뺀 나머지 부분에 있는 수의 합을 구해 봅시다.

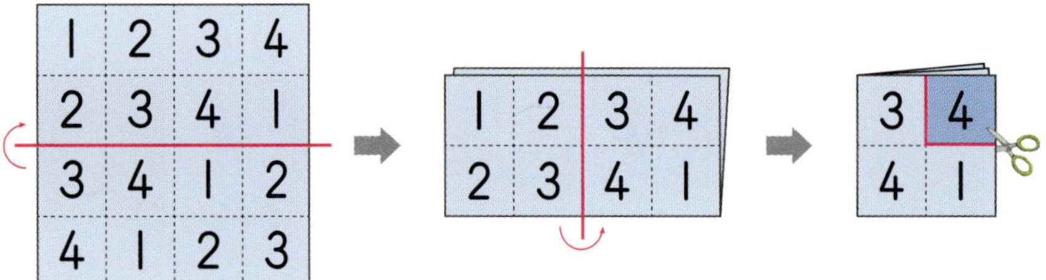

❶ 색종이를 한 번 펼친 모양에서 잘려나간 부분을 색칠하시오.

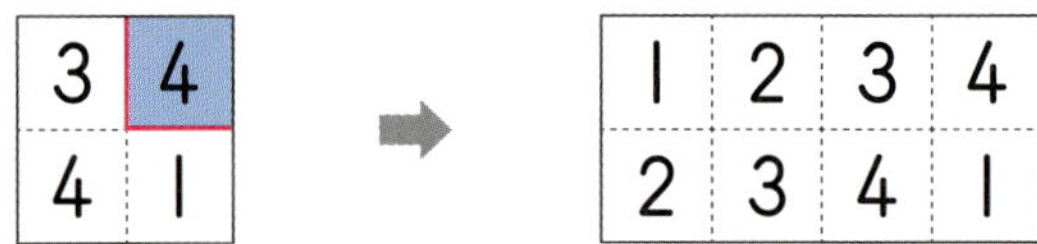

❷ 색종이를 두 번 펼친 모양에서 잘려나간 부분을 색칠하시오.

1	2	3	4
2	3	4	1
3	4	1	2
4	1	2	3

❸ 잘려나간 부분을 뺀 나머지 부분에 있는 수의 합을 구하시오.

1 다음과 같이 수가 적힌 색종이를 접어서 자른 후 펼쳤을 때, 잘려나간 부분에 있는 수의 합을 구하시오.

준비물 색종이 수 퍼즐

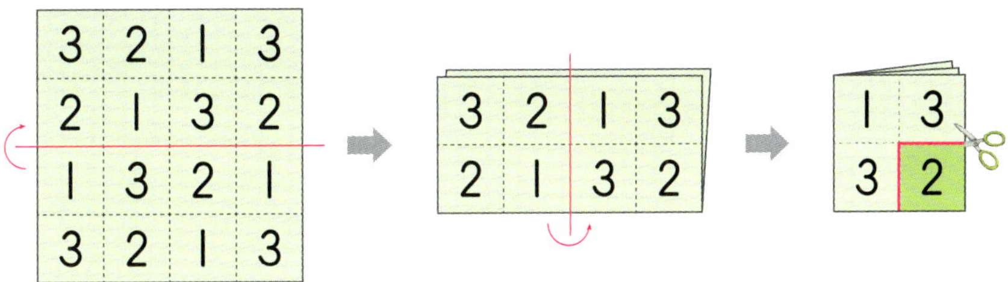

2 다음과 같이 수가 적힌 색종이를 두 번 접어서 종이의 수를 한 칸 잘라 낸 후 펼쳤더니 잘려나간 부분에 있는 수의 합이 I0이 되었습니다. 오른쪽 접은 모양에 잘라 낸 칸을 색칠해 보시오.

준비물 색종이 수 퍼즐

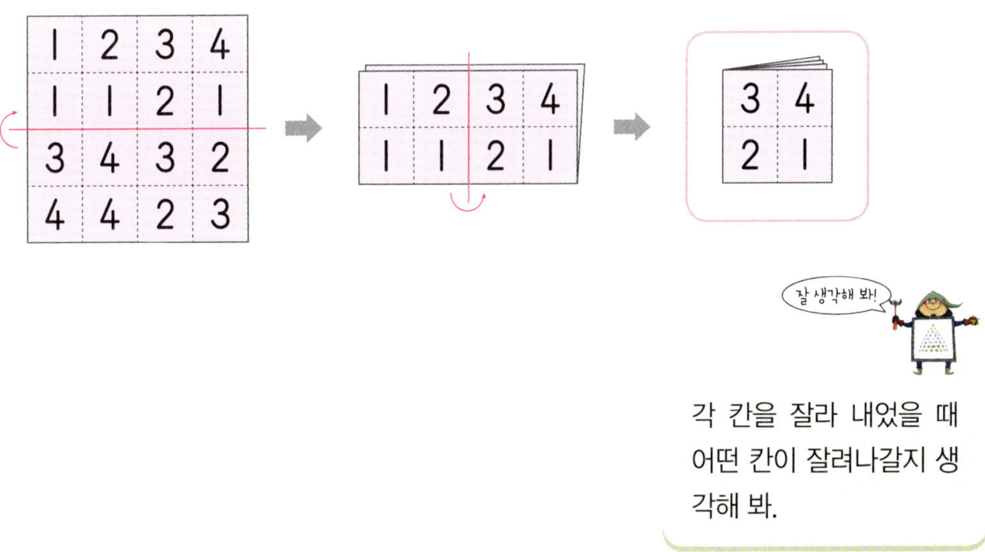

각 칸을 잘라 내었을 때 어떤 칸이 잘려나갈지 생각해 봐.

색종이 공예

지오와 초이는 색종이로 교실 창문에 장식할 예쁜 무늬를 만들고 있습니다. 두 사람은 먼저 색종이를 그림과 같이 세 번 접었습니다.

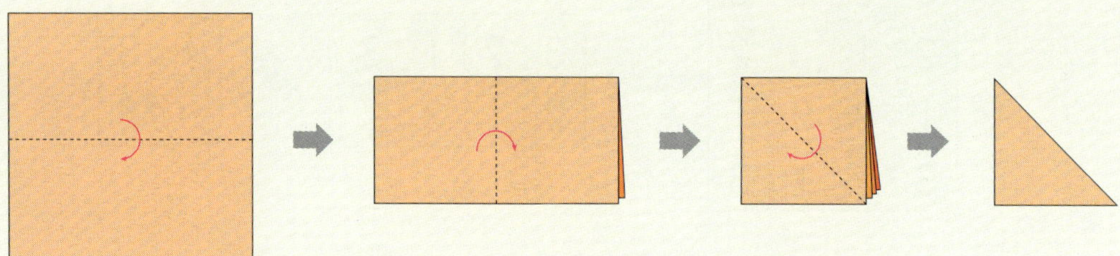

지오는 접은 색종이에 삼각형 모양, 원 모양 구멍을 하나씩 뚫고, 초이는 위쪽 끝을 잘라 낸 다음 사각형 모양 구멍을 하나 뚫었습니다.

지오

초이

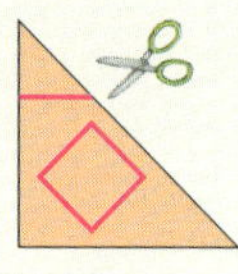

색종이를 한 번씩 펼치면서 초이가 만든 무늬를 완성하여 보시오.

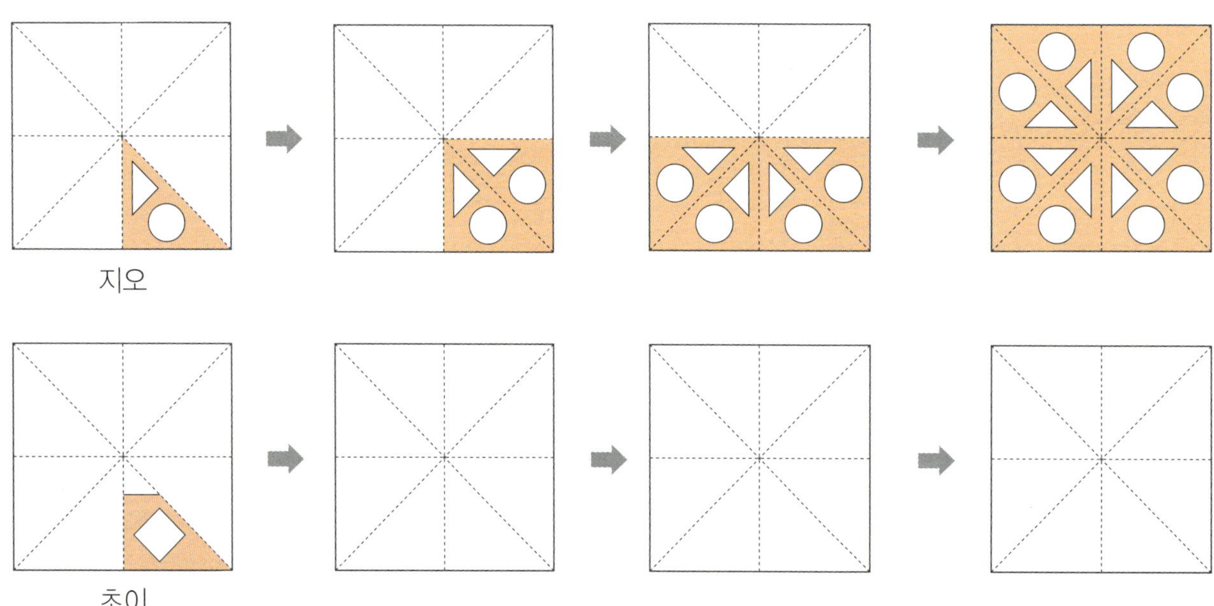

정사각형 모양 색종이를 다음과 같이 두 번 접은 후 구멍을 뚫었습니다. 색종이를 펼친 모양을 그려 보시오.

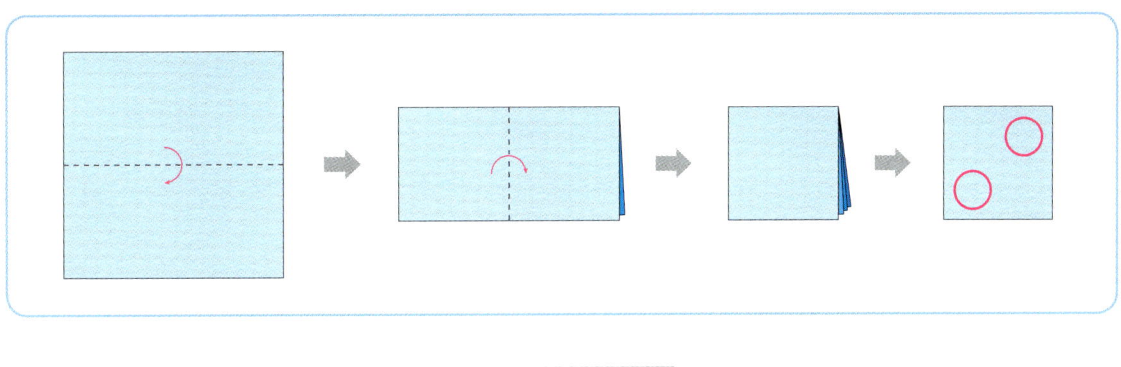

색종이를 접어서 구멍을 뚫은 후 다시 펼친 모양은 접은 순서와 반대로 생각하여 그립니다.

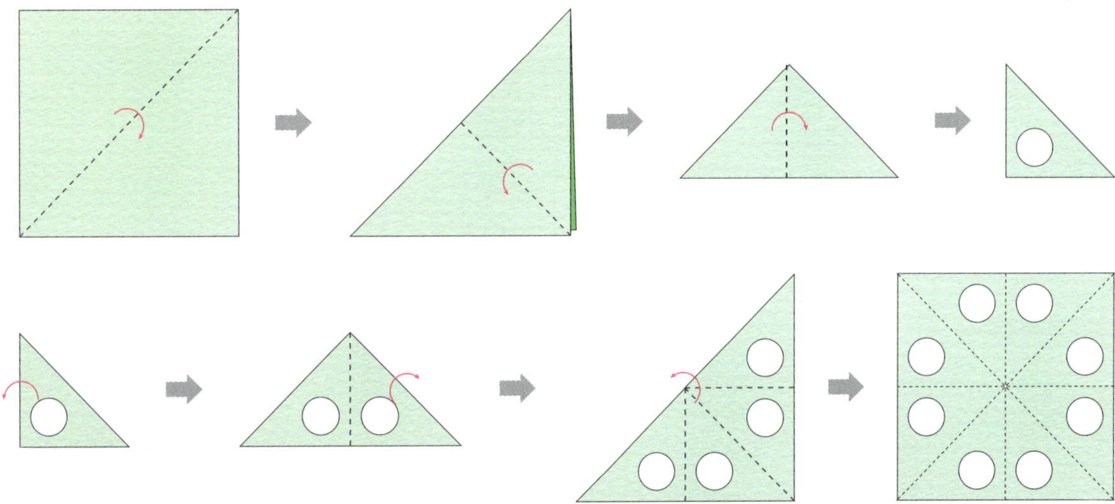

 # 구멍 뚫어 무늬 만들기

다음과 같이 색종이를 두 번 접은 후 구멍을 뚫었습니다. 색종이를 펼친 모양이 오른쪽과 같을 때, 색종이를 두 번 접은 모양에 알맞은 구멍을 그려 봅시다.

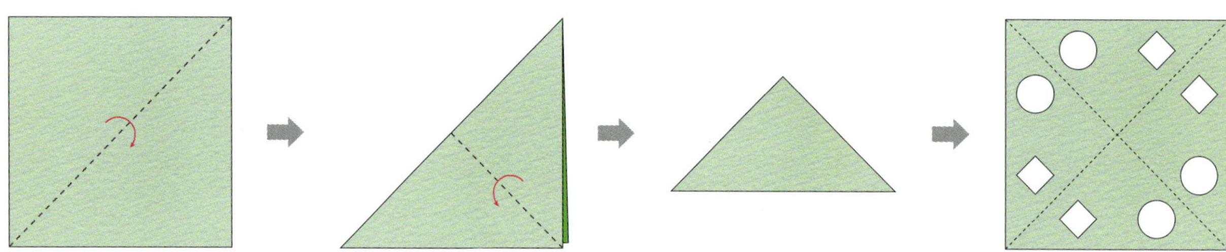

❶ 펼친 모양을 한 번 접은 모양을 그려 보시오.

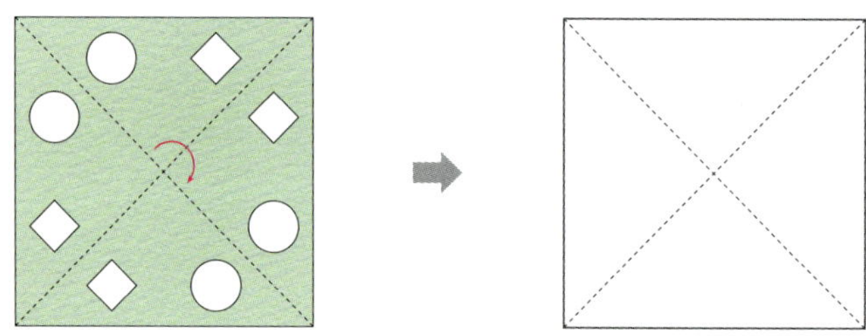

❷ 펼친 모양을 두 번 접은 모양을 그려 보시오.

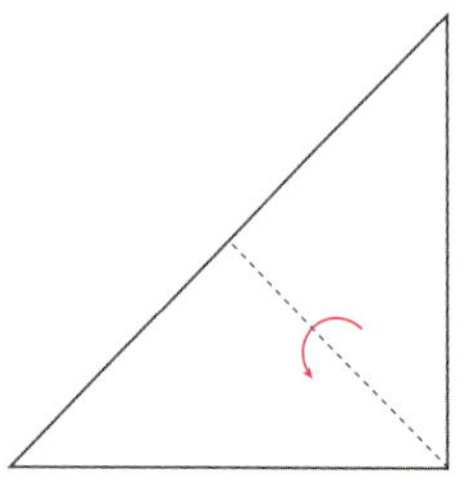

❸ 색종이를 두 번 접은 모양에 알맞은 구멍을 그려 보시오.

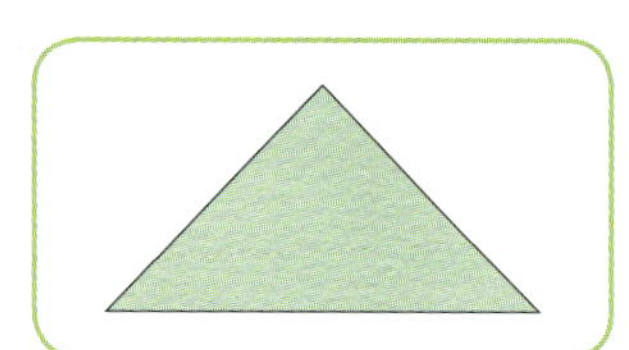

1 다음과 같이 색종이를 두 번 접은 후 구멍을 뚫었습니다. 색종이를 펼친 모양이 오른쪽과 같을 때, 색종이를 두 번 접은 모양에 알맞은 구멍을 그려 보시오.

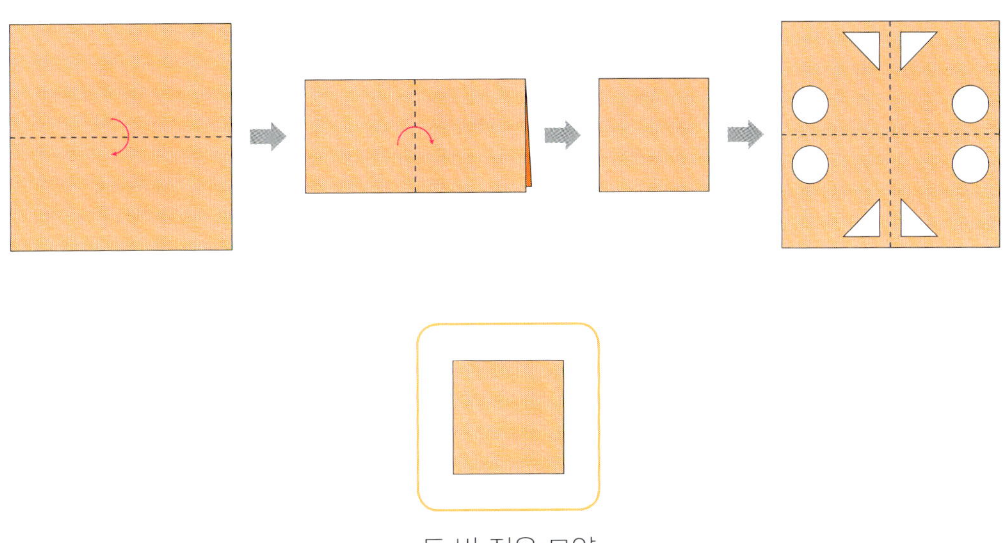

두 번 접은 모양

2 다음과 같이 색종이를 세 번 접은 후 구멍을 뚫었습니다. 색종이를 펼친 모양이 오른쪽 아래와 같을 때, 색종이를 세 번 접은 모양에 알맞은 구멍을 그려 보시오.

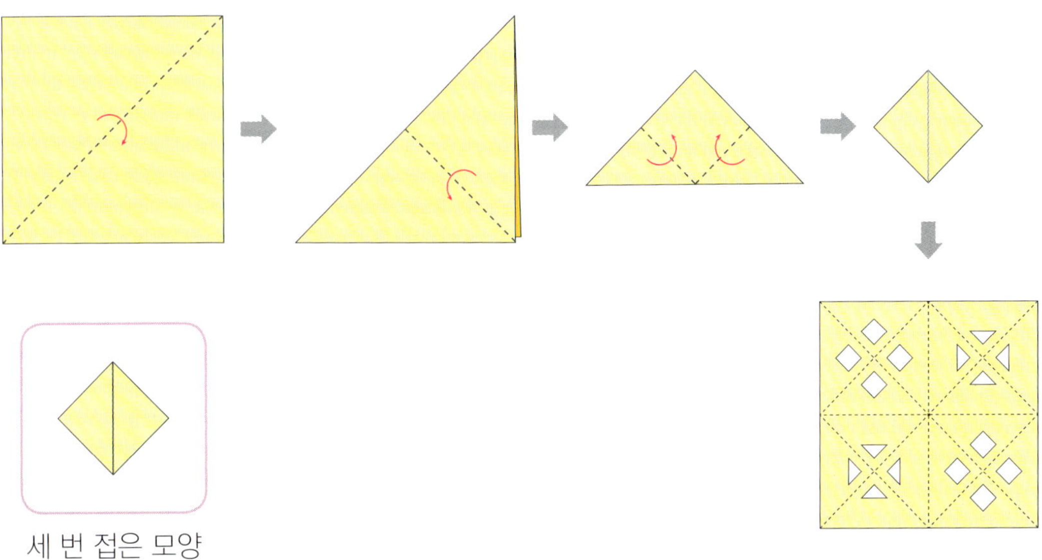

세 번 접은 모양

띠 종이

I부터 6까지의 숫자가 적힌 띠 종이를 그림과 같이 선을 따라 접으면 I, 2, 3, 6이
보이는 모양으로 만들 수 있습니다.

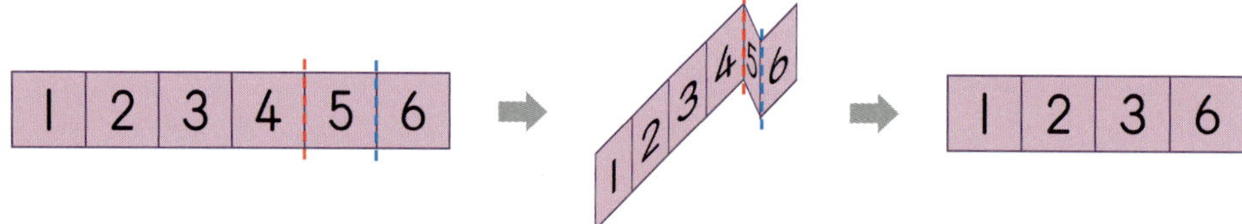

I부터 6까지의 숫자가 적힌 띠 종이를 선을 따라 접어서 만들 수 없는 모양을 찾아봅
시다.

가 3 6   나 2 3 4   다 3 5   라 I 2 5 6   마 I 6

❶ 세로 선을 따라 접었을 때, 빨간 선과 만나는 선은 빨간색으로, 파란 선과 만나
는 선은 파란색으로 그어 보시오.

I 2 3 4 5 6

❷ 각 모양을 만들려면 어떤 선을 접어야 하는지 표시하고, 만들 수 없는 모양을
찾아 기호를 쓰시오.

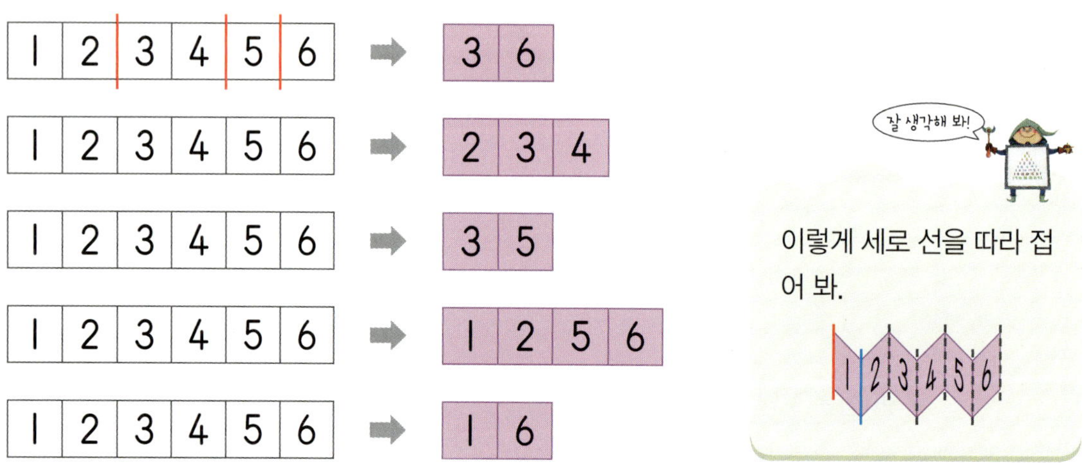

1 ㅣ부터 7까지의 숫자가 적힌 띠 종이를 선을 따라 접어서 만들 수 없는 모양을
모두 찾아 기호를 쓰시오.

준비물 띠 종이

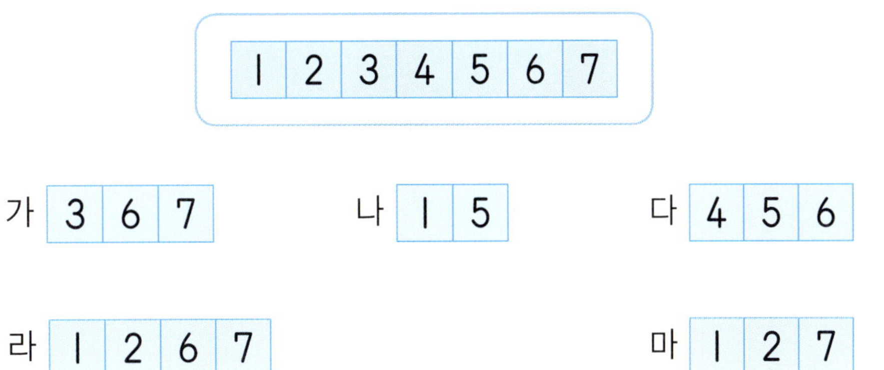

[한 칸이 맨 위에 있는 모양]

2 다음과 같은 띠 종이를 ♥가 맨 위에 올라오게 접어서 색칠한 부분을 잘라 낸 후
펼쳤을 때 잘라 낸 부분을 아래 모양에 나타내어 보시오.

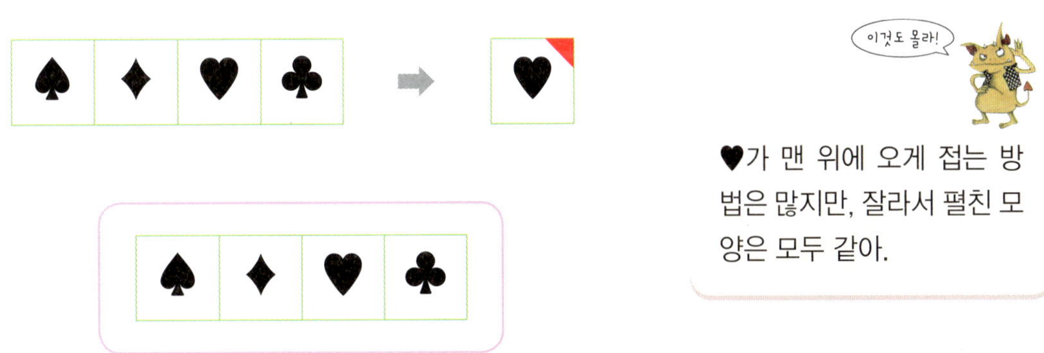

♥가 맨 위에 오게 접는 방
법은 많지만, 잘라서 펼친 모
양은 모두 같아.

창의적 문제해결력

1 종이를 다음과 같이 접어서 색칠한 부분을 잘라 낸 후 펼친 모양을 그려 보시오.

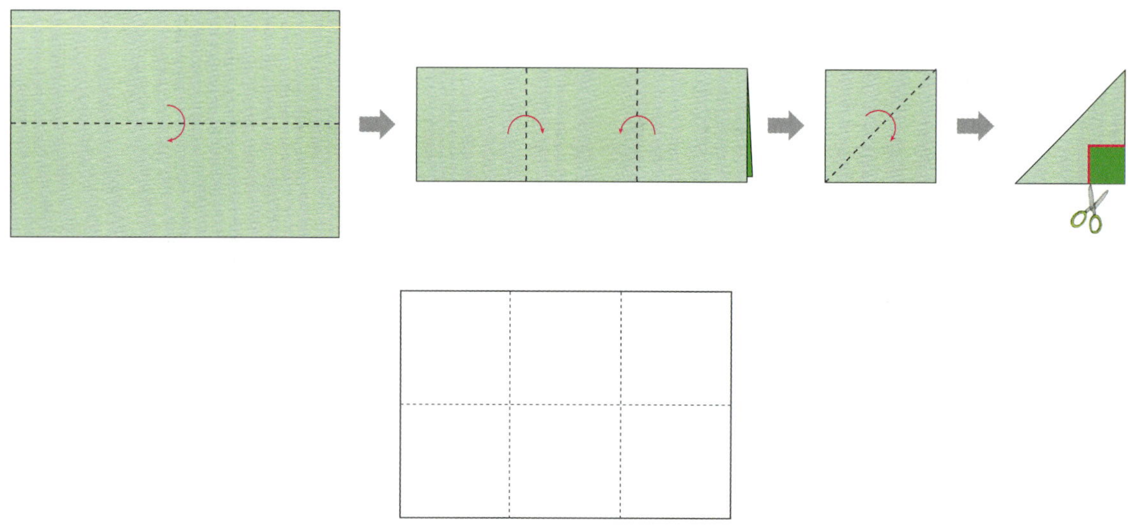

2 정사각형 모양 색종이를 다음과 같이 접어서 자른 후 펼친 모양이 오른쪽 아래와 같습니다. 가위로 잘라 낸 부분을 색종이를 세 번 접은 모양에 나타내어 보시오.

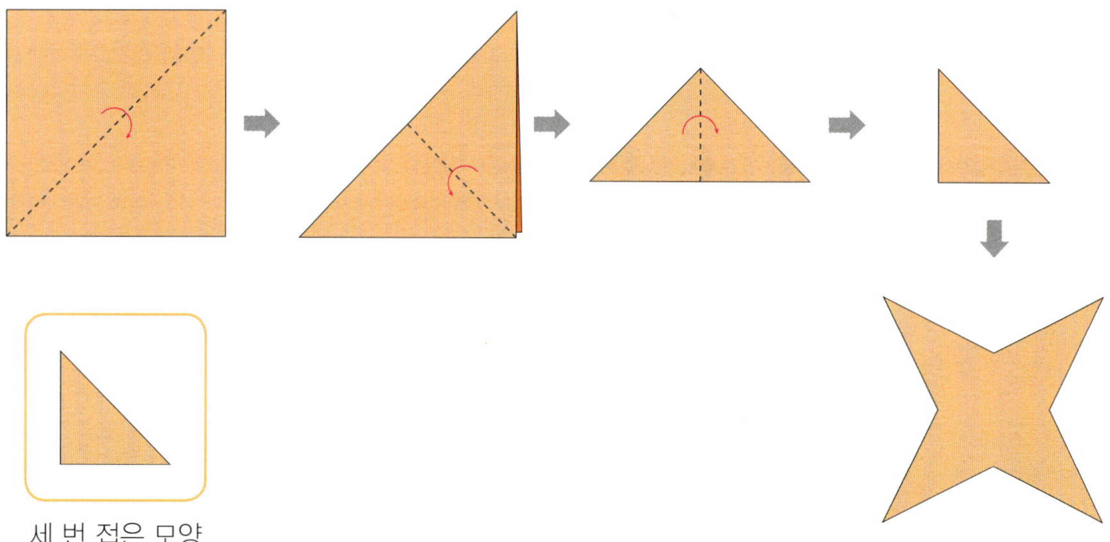

세 번 접은 모양

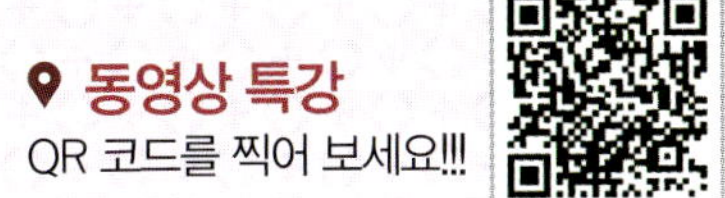

3 정사각형 모양 색종이를 다음과 같이 두 번 접어서 선을 따라 잘랐을 때 나오는
도형은 모두 몇 개입니까?

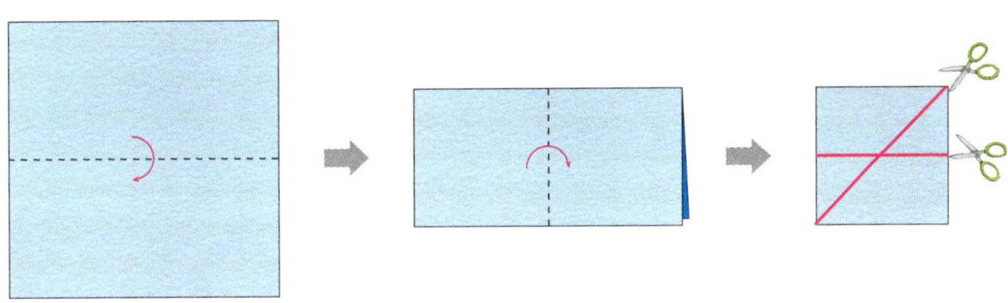

4 다음과 같은 수 퍼즐 종이를 7이 맨 위에 올라오게 접어서 색칠한 부분을 잘라
낸 후 펼쳤을 때 잘라 낸 부분을 아래 모양에 나타내어 보시오.

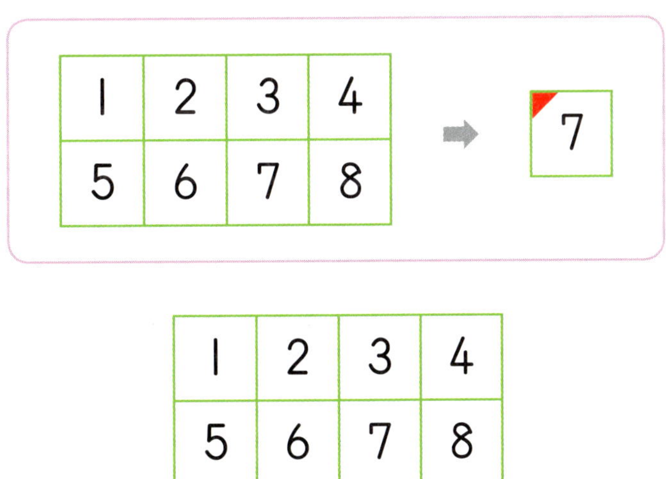

1	2	3	4
5	6	7	8

입체와 면

65쪽에 사용하세요.

준비물 색종이 수 퍼즐

3	2	1	3
2	1	3	2
1	3	2	1
3	2	1	3

1	2	3	4
1	1	2	1
3	4	3	2
4	4	2	3

준비물 띠 종이

70, 71쪽에 사용하세요.

1	2	3	4	5	6

1	2	3	4	5	6	7

11쪽에 사용하세요.

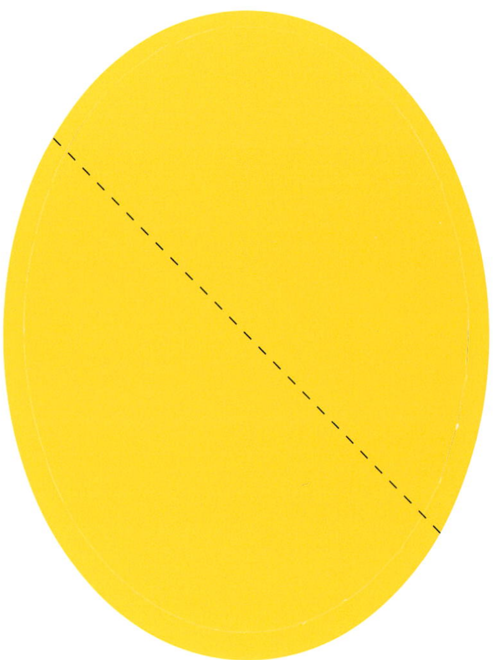
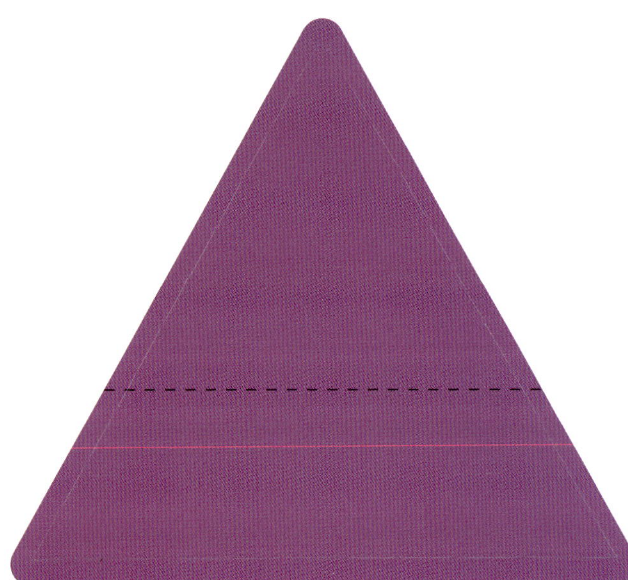

정답 및 해설

누구나
쉽고 재미있게

사고력 수학

노크

C7
(10~11세)

입체도형

접고 겹치기

1 종이접기

종이접기란 종이를 자르거나 풀을 사용하지 않고 접거나 연결하여 어떤 물체를 입체적으로 표현하는 것입니다.

종이접기는 서양과 일본에서 각각 시작되어 독자적으로 발전해 왔습니다. 일본은 헤이안 시대에 개구리 종이접기에 대한 기록이 있고, 종이로 접은 나비는 결혼식에 사용되기도 했습니다. 서양에서는 독일의 교육자인 프뢰벨이 그의 교육법에 종이접기를 선택하여 공간 감각과 창의성을 발달시키는 교육적인 목적으로 사용했습니다.

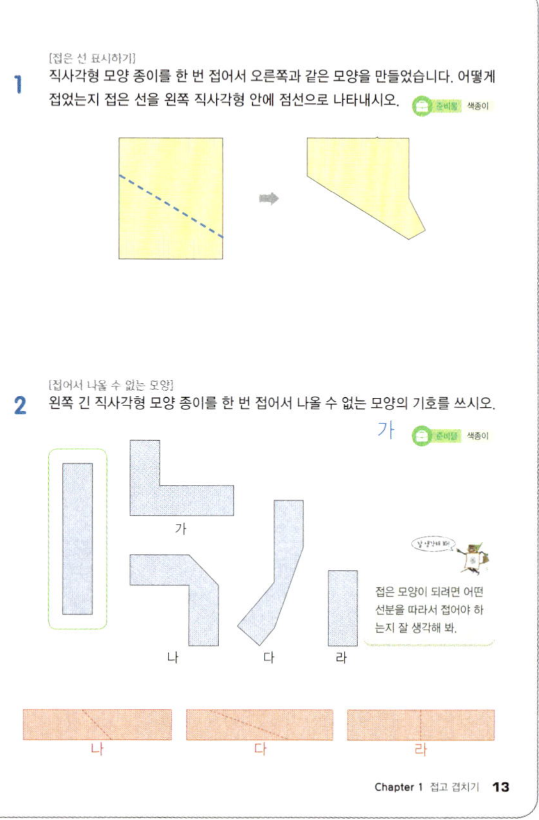

다음은 종이비행기를 접는 과정을 나타낸 것입니다. 순서에 맞게 ②, ③, ④, ⑤를 써넣으시오.

① ④ ③ ⑤ ②

종이를 점선을 따라 위로 한 번 접은 모양을 그려 보시오.　준비물 색종이

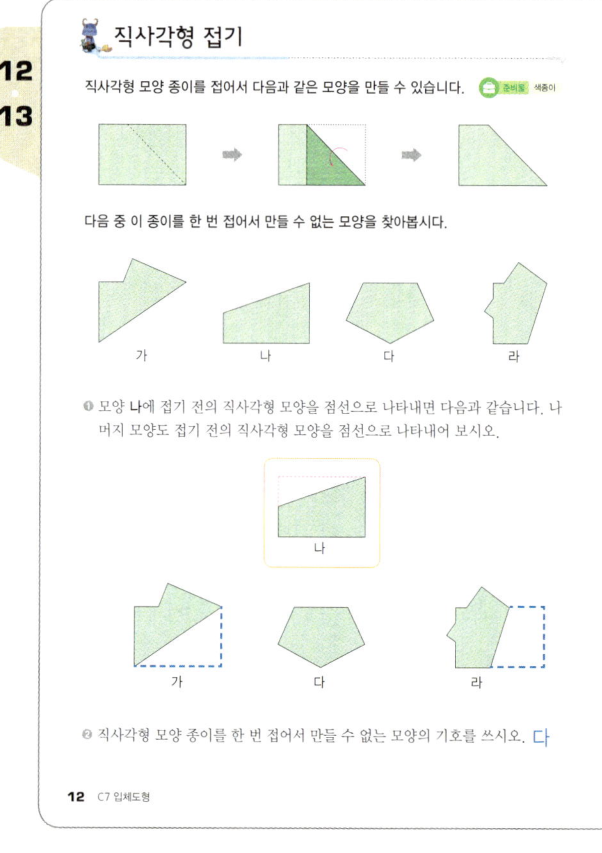

도로 포인트

종이를 접는 방향에 따라 여러 가지 모양이 됩니다.

직사각형 접기

직사각형 모양 종이를 접어서 다음과 같은 모양을 만들 수 있습니다.　준비물 색종이

다음 중 이 종이를 한 번 접어서 만들 수 없는 모양을 찾아봅시다.

가　나　다　라

❶ 모양 **나**에 접기 전의 직사각형 모양을 점선으로 나타내면 다음과 같습니다. 나머지 모양도 접기 전의 직사각형 모양을 점선으로 나타내어 보시오.

나

가　다　라

❷ 직사각형 모양 종이를 한 번 접어서 만들 수 없는 모양의 기호를 쓰시오. 다

[접은 선 표시하기]

1 직사각형 모양 종이를 한 번 접어서 오른쪽과 같은 모양을 만들었습니다. 어떻게 접었는지 접은 선을 왼쪽 직사각형 안에 점선으로 나타내시오.　준비물 색종이

[접어서 나올 수 없는 모양]

2 왼쪽 긴 직사각형 모양 종이를 한 번 접어서 나올 수 없는 모양의 기호를 쓰시오. 가

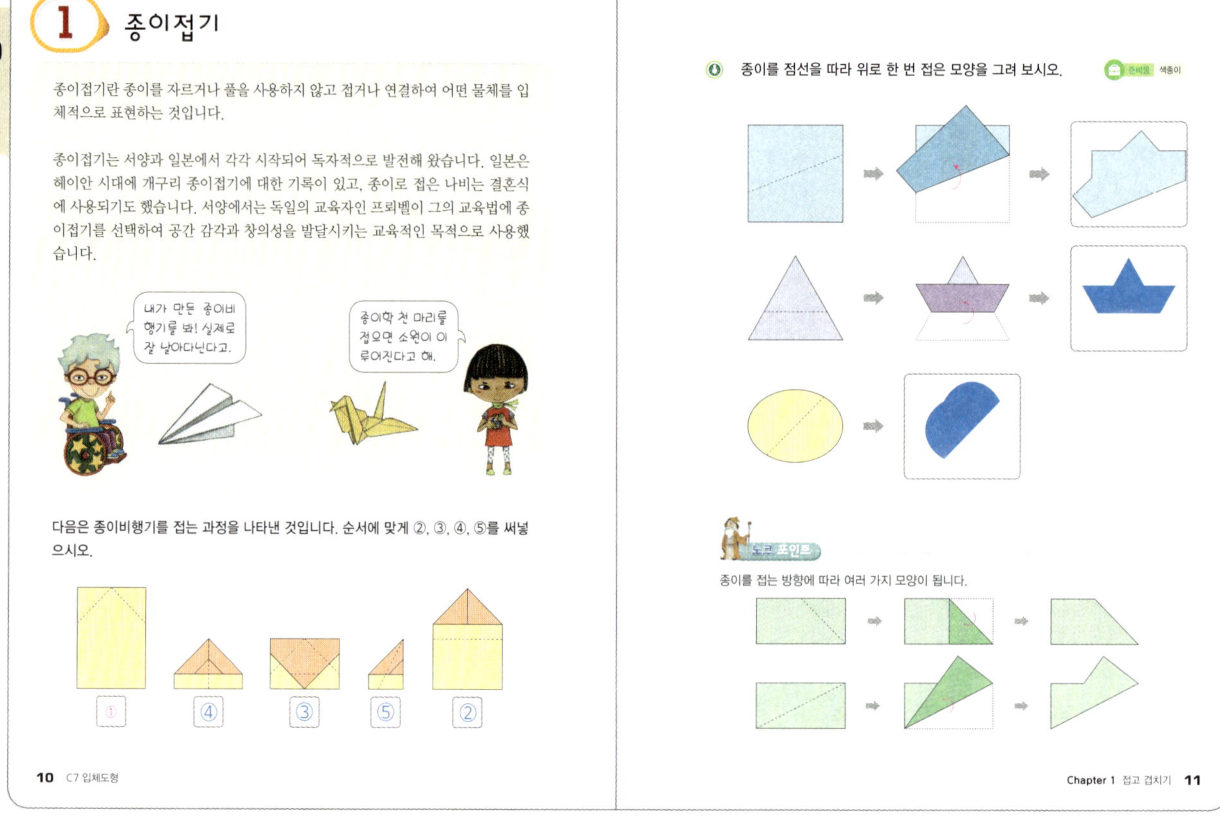

2　C7 입체도형

여러 가지 도형 접기

정삼각형 모양 종이를 직선 가, 나, 다, 라를 따라 접었을 때 나오는 모양을 각각 찾아 봅시다.

준비물 색종이

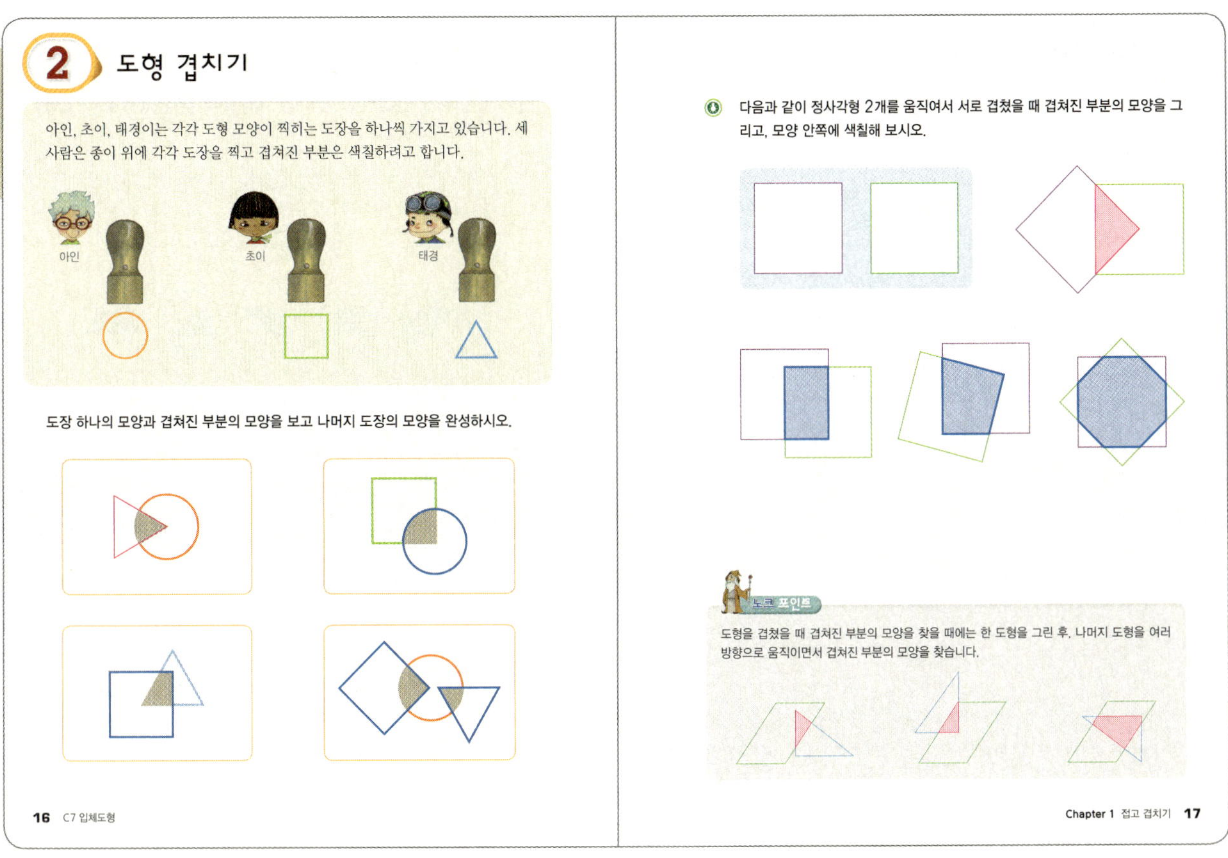

❶ ①번 모양에 접기 전의 정삼각형 모양을 점선으로 나타내면 다음과 같습니다. 나머지 모양도 접기 전의 정삼각형 모양을 점선으로 나타내어 보시오.

❷ 직선 가, 나, 다, 라를 따라 접었을 때 나오는 모양의 번호를 써넣으시오.

가: ③　　나: ④　　다: ①　　라: ②

[정삼각형 접기]
1 왼쪽 정삼각형 모양 색종이를 선을 따라 접었을 때 나오는 모양을 그려 보시오.

[겹쳐지는 부분]
2 왼쪽 색종이를 선을 따라 접었을 때 겹쳐진 부분을 색칠해 보시오.

② 도형 겹치기

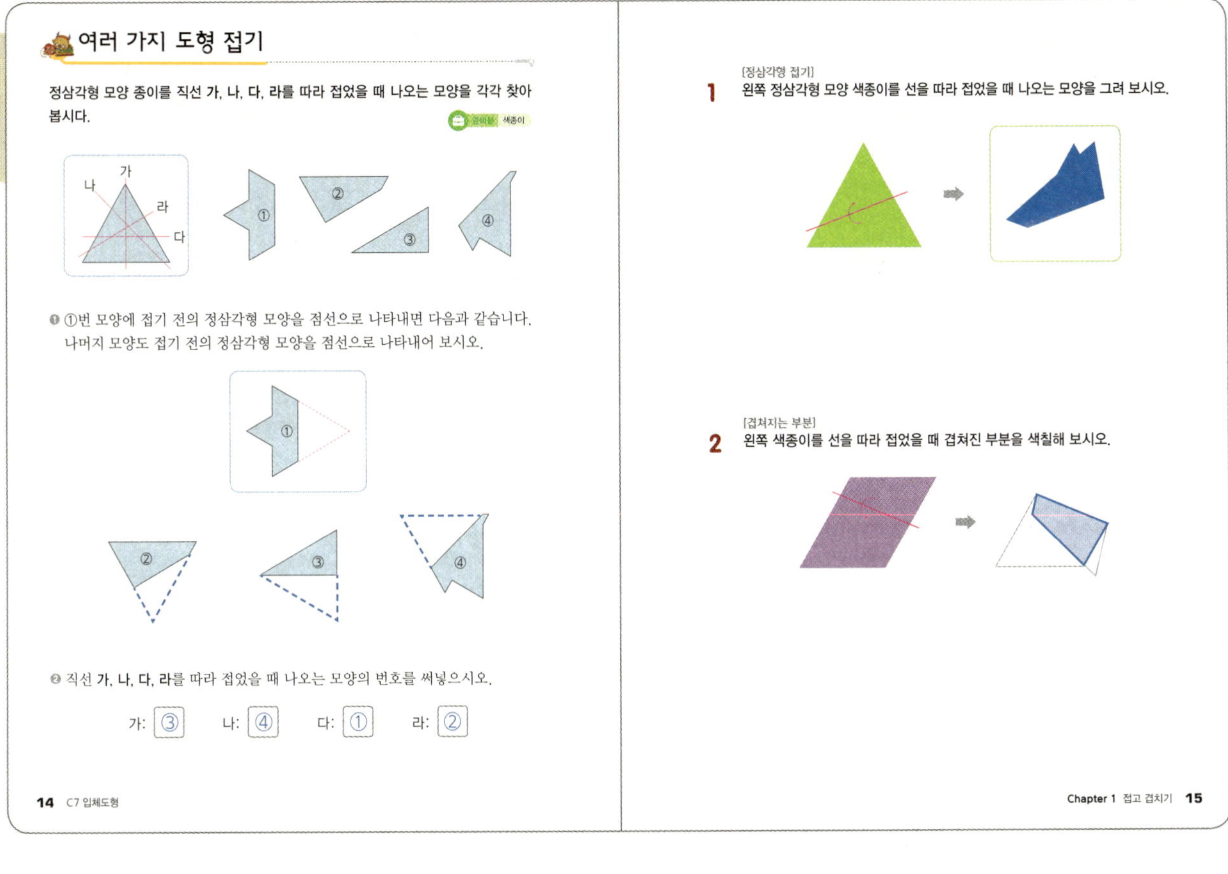

아인, 초이, 태경이는 각각 도형 모양이 찍히는 도장을 하나씩 가지고 있습니다. 세 사람은 종이 위에 각각 도장을 찍고 겹쳐진 부분을 색칠하려고 합니다.

도장 하나의 모양과 겹쳐진 부분의 모양을 보고 나머지 도장의 모양을 완성하시오.

❶ 다음과 같이 정사각형 2개를 움직여서 서로 겹쳤을 때 겹쳐진 부분의 모양을 그리고, 모양 안쪽에 색칠해 보시오.

도크 포인트

도형을 겹쳤을 때 겹쳐진 부분의 모양을 찾을 때에는 한 도형을 그린 후, 나머지 도형을 여러 방향으로 움직이면서 겹쳐진 부분의 모양을 찾습니다.

정답 및 해설　3

🐷 겹쳐진 부분의 모양

여러 도형을 겹쳤을 때, 두 도형이 겹쳐진 부분의 모양을 그리고 색칠해 봅시다.

준비물 투명 색종이

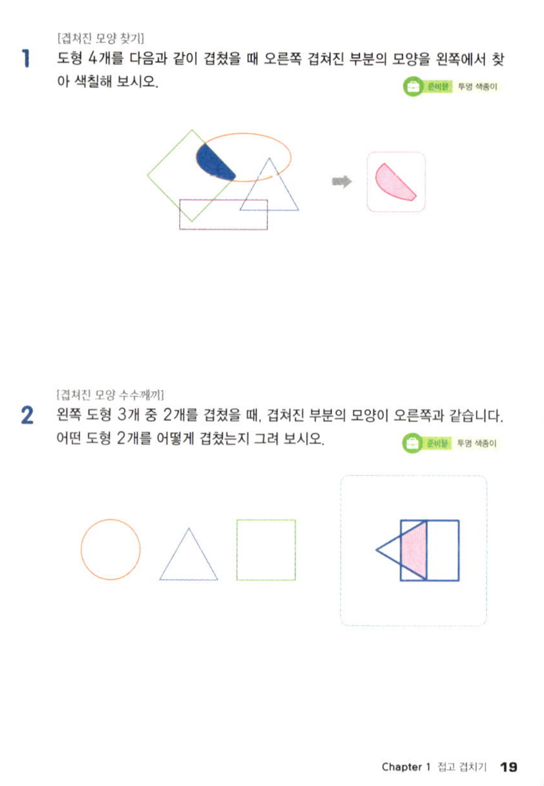

[겹쳐진 모양 찾기]

1 도형 4개를 다음과 같이 겹쳤을 때 오른쪽 겹쳐진 부분의 모양을 왼쪽에서 찾아 색칠해 보시오.

준비물 투명 색종이

[겹쳐진 모양 수수께끼]

2 왼쪽 도형 3개 중 2개를 겹쳤을 때, 겹쳐진 부분의 모양이 오른쪽과 같습니다. 어떤 도형 2개를 어떻게 겹쳤는지 그려 보시오.

준비물 투명 색종이

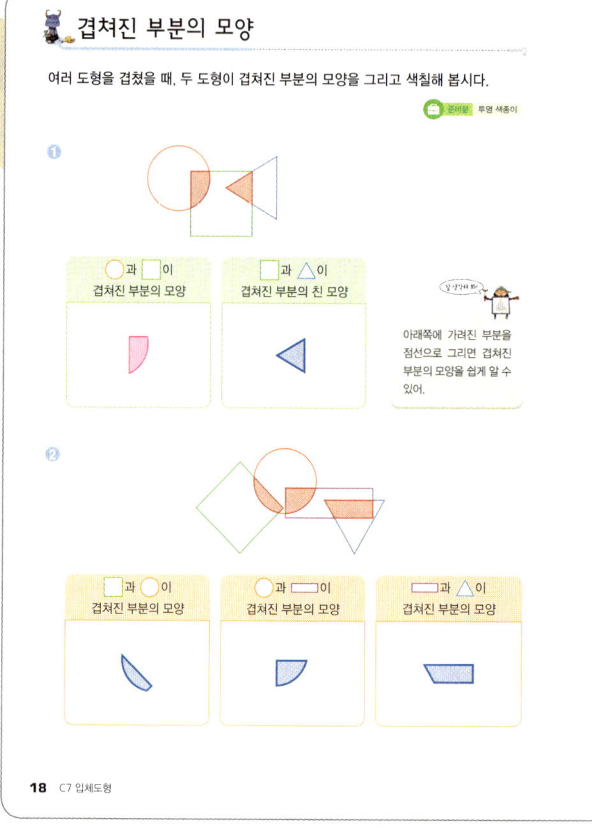

🐷 여러 방향으로 겹친 모양

왼쪽 두 정사각형을 서로 겹쳤을 때, 겹쳐진 부분의 모양이 될 수 있는 것을 모두 찾아 봅시다.

준비물 투명 색종이

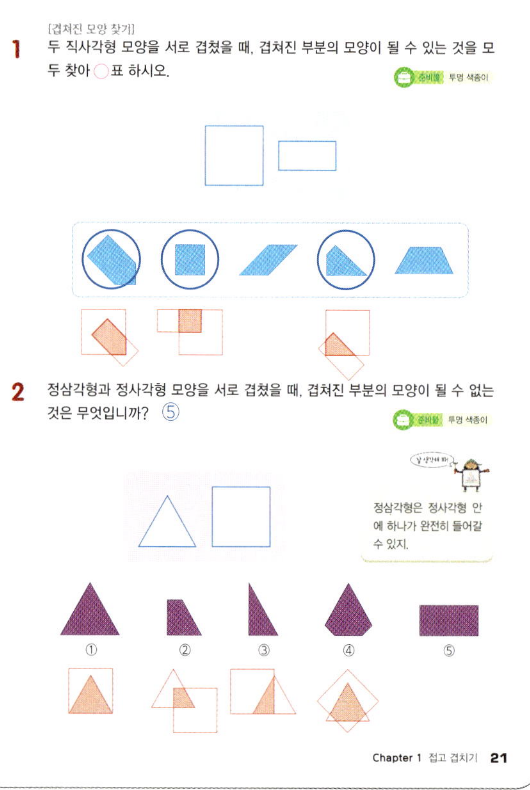

❶ 두 정사각형을 돌리지 않고 겹쳤을 때, 겹쳐진 부분의 모양이 될 수 있는 것을 모두 찾아 기호를 쓰시오. 나, 사

❷ 한 정사각형을 반의 반 바퀴만큼 돌렸을 때, 겹쳐진 부분의 모양이 될 수 있는 것을 모두 찾아 기호를 쓰시오. 가, 라, 아

❸ 한 정사각형을 비스듬히 놓았을 때, 겹쳐진 부분의 모양이 될 수 있는 것의 기호를 쓰시오. (단, ❷에서 찾은 것은 제외합니다.) 다

[겹쳐진 모양 찾기]

1 두 직사각형 모양을 서로 겹쳤을 때, 겹쳐진 부분의 모양이 될 수 있는 것을 모두 찾아 ○표 하시오.

준비물 투명 색종이

2 정삼각형과 정사각형 모양을 서로 겹쳤을 때, 겹쳐진 부분의 모양이 될 수 없는 것은 무엇입니까? ⑤

준비물 투명 색종이

정삼각형은 정사각형 안에 하나가 완전히 들어갈 수 있지.

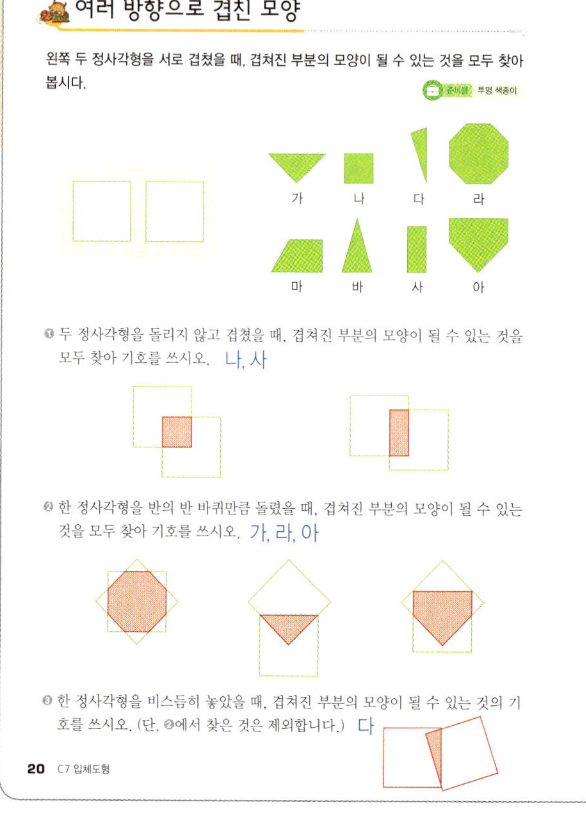

4   C7 입체도형

③ 투명 종이 겹치기

태경이 방의 창문은 옆으로 열고 닫는 투명한 유리 창문입니다. 양쪽 창문에는 태경이가 좋아하는 그림 붙임 딱지를 붙였습니다.

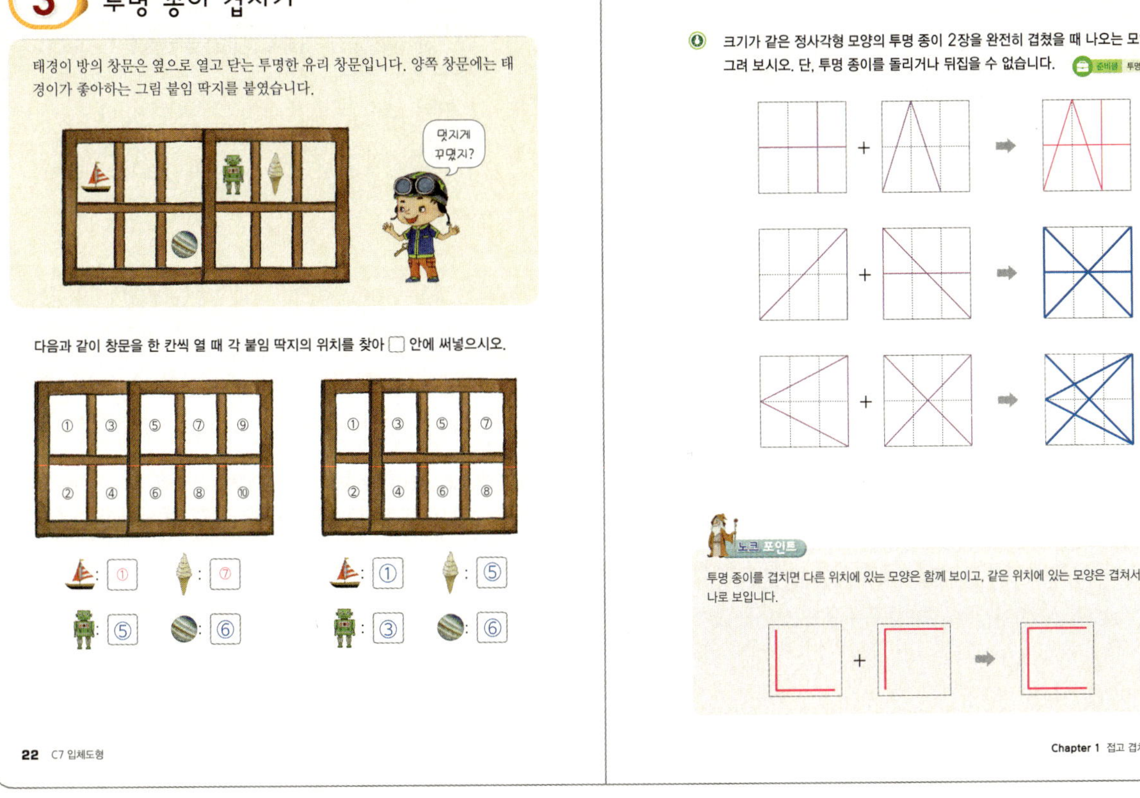

다음과 같이 창문을 한 칸씩 열 때 각 붙임 딱지의 위치를 찾아 ◻ 안에 써넣으시오.

| ① | ③ | ⑤ | ⑦ | ⑨ |
| ② | ④ | ⑥ | ⑧ | ⑩ |

| ① | ③ | ⑤ | ⑦ |
| ② | ④ | ⑥ | ⑧ |

⛵ : ①   🍦 : ⑦
🤖 : ⑤   🪐 : ⑥

⛵ : ①   🍦 : ⑤
🤖 : ③   🪐 : ⑥

크기가 같은 정사각형 모양의 투명 종이 2장을 완전히 겹쳤을 때 나오는 모양을 그려 보시오. 단, 투명 종이를 돌리거나 뒤집을 수 없습니다. 준비물 투명 종이

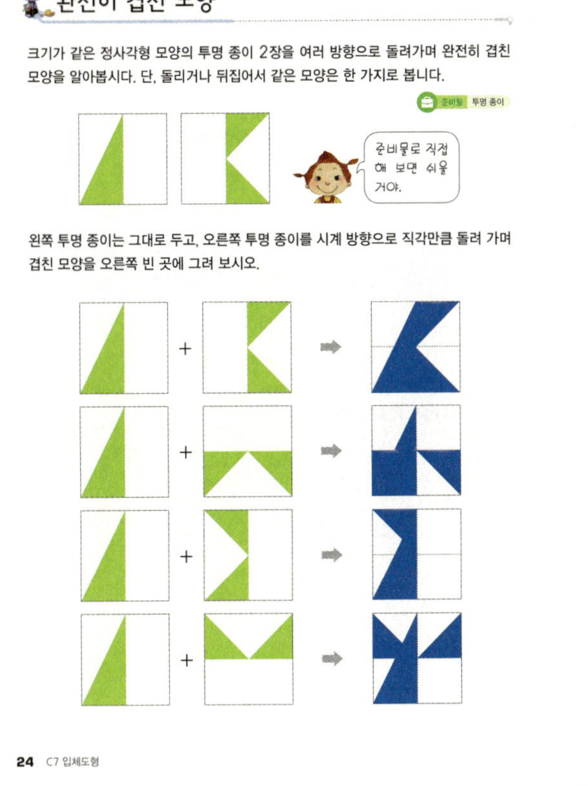

🧙 노크 포인트

투명 종이를 겹치면 다른 위치에 있는 모양은 함께 보이고, 같은 위치에 있는 모양은 겹쳐서 하나로 보입니다.

🧑 완전히 겹친 모양

크기가 같은 정사각형 모양의 투명 종이 2장을 여러 방향으로 돌려 가며 완전히 겹친 모양을 알아봅시다. 단, 돌리거나 뒤집어서 같은 모양은 한 가지로 봅니다.
준비물 투명 종이

왼쪽 투명 종이는 그대로 두고, 오른쪽 투명 종이를 시계 방향으로 직각만큼 돌려 가며 겹친 모양을 오른쪽 빈 곳에 그려 보시오.

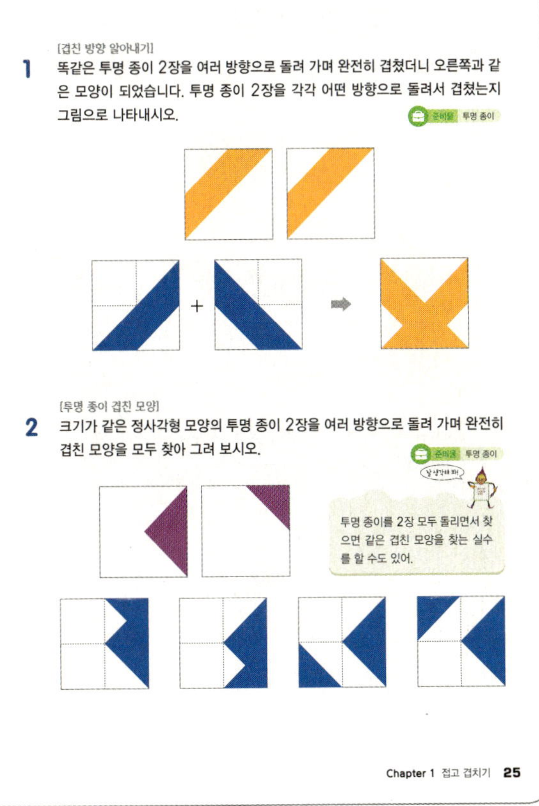

[겹친 방향 알아내기]

1 똑같은 투명 종이 2장을 여러 방향으로 돌려 가며 완전히 겹쳤더니 오른쪽과 같은 모양이 되었습니다. 투명 종이 2장을 각각 어떤 방향으로 돌려서 겹쳤는지 그림으로 나타내시오. 준비물 투명 종이

[투명 종이 겹친 모양]

2 크기가 같은 정사각형 모양의 투명 종이 2장을 여러 방향으로 돌려 가며 완전히 겹친 모양을 모두 찾아 그려 보시오. 준비물 투명 종이

정답 및 해설 **5**

26 27

🐢 부분 겹치기

크기가 같은 정사각형 모양의 투명 종이 2장을 여러 가지 방법으로 서로 겹칠 때, 겹쳐진 부분의 모양이 될 수 있는 것을 모두 찾아봅시다.

준비물 투명 종이

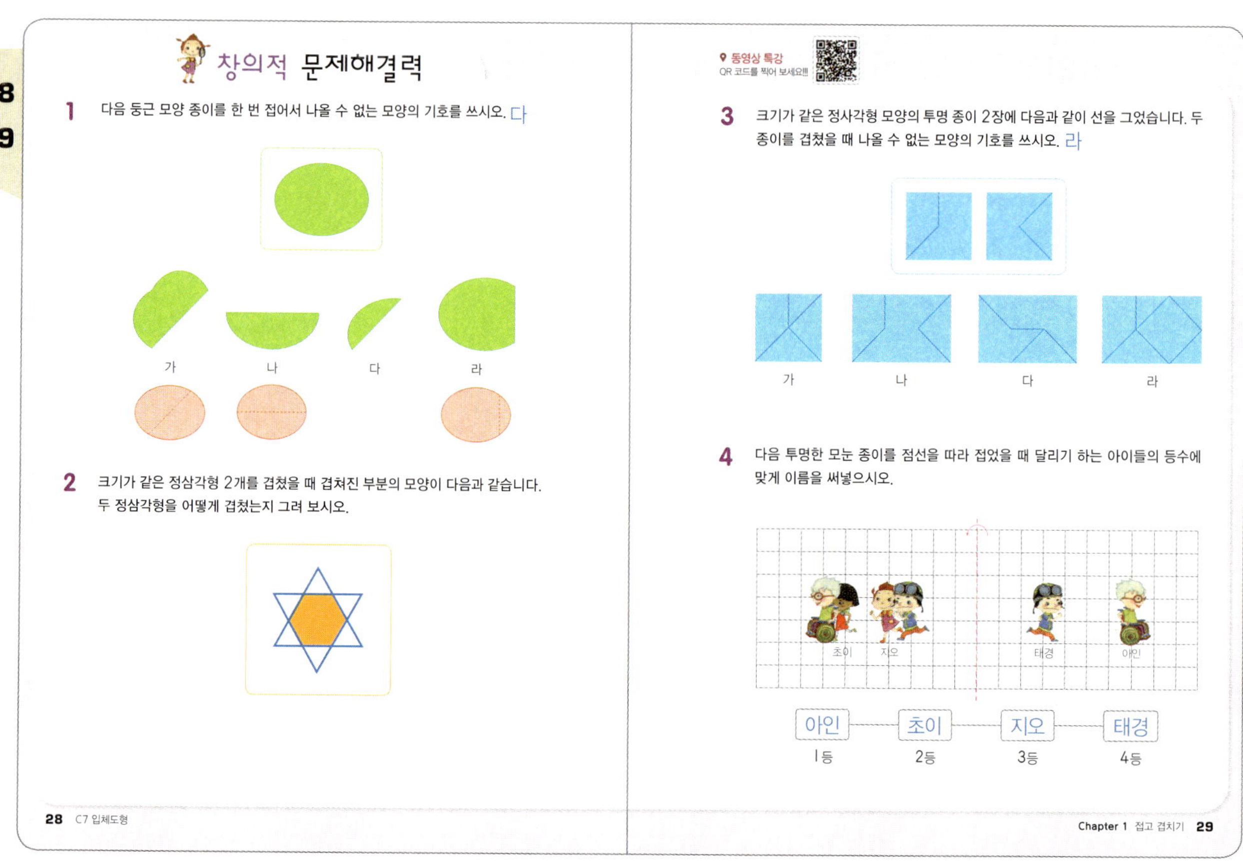

다음과 같이 3가지 방법으로 겹쳐 보고, 각 경우에 겹쳐진 부분의 모양이 될 수 있는 것을 찾아 기호를 쓰시오.

나

라

바

---

1 [절반 겹치기]
크기가 같은 정사각형 모양의 투명 종이 2장을 서로 절반씩 겹칠 때, 겹쳐진 부분의 모양을 그려 보시오.

손가락 투명 종이

또는

2 [겹친 모양이 아닌 것]
크기가 같은 정사각형 모양의 투명 종이 2장을 여러 가지 방법으로 서로 겹칠 때, 겹쳐진 부분의 모양이 될 수 없는 것을 모두 찾아 ✕표 하시오.

손가락 투명 종이

---

28 29

👩 창의적 문제해결력

1 다음 둥근 모양 종이를 한 번 접어서 나올 수 없는 모양의 기호를 쓰시오. 다

가   나   다   라

2 크기가 같은 정삼각형 2개를 겹쳤을 때 겹쳐진 부분의 모양이 다음과 같습니다. 두 정삼각형을 어떻게 겹쳤는지 그려 보시오.

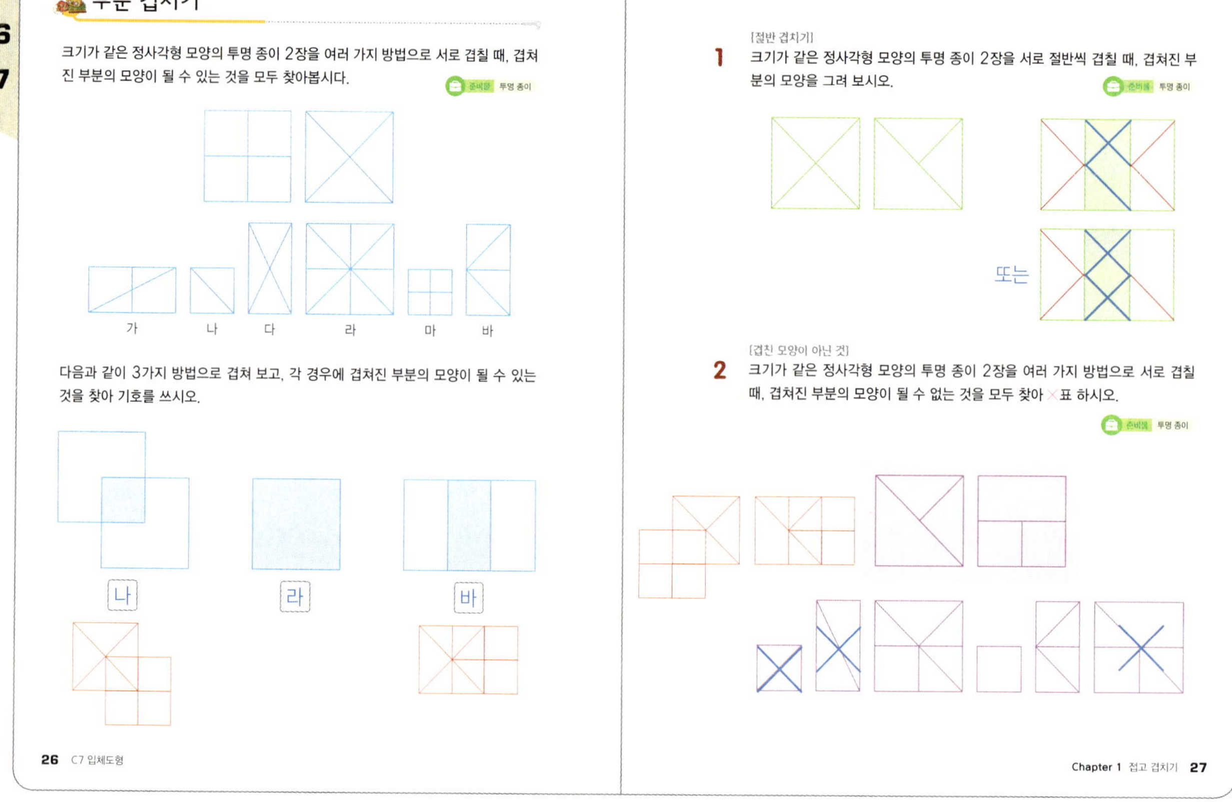

📹 동영상 특강
QR 코드를 찍어 보세요!!

3 크기가 같은 정사각형 모양의 투명 종이 2장에 다음과 같이 선을 그었습니다. 두 종이를 겹쳤을 때 나올 수 없는 모양의 기호를 쓰시오. 라

가   나   다   라

4 다음 투명한 모눈 종이를 점선을 따라 접었을 때 달리기 하는 아이들의 등수에 맞게 이름을 써넣으시오.

아인 — 초이 — 지오 — 태경
1등   2등   3등   4등

6　C7 입체도형

4 주사위 원리

주사위는 어떤 수가 나올지 모르는 수를 얻으려고 할 때 사용되는 대표적인 놀이 도구입니다. 주로 면의 모양이 똑같은 입체도형 각각의 면에 눈, 숫자, 그림 등을 그려 넣고, 공중에 던져 바닥에 떨어졌을 때 윗면으로 보이는 것을 결과로 하여 여러 가지 게임을 합니다.

가장 널리 사용되는 것은 면이 6개이고, 각 면에 눈이 1개에서 6개까지 찍혀 있는 정육면체 주사위입니다.

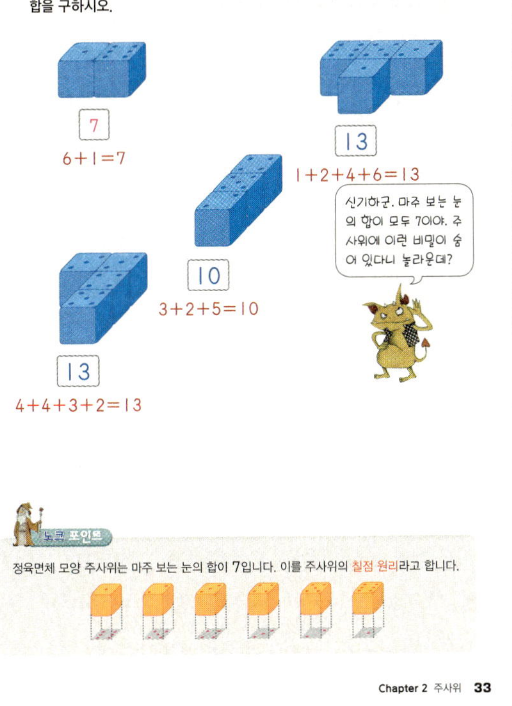

주사위가 언제 처음 만들어졌는지는 정확하게 알 수 없지만 고대 이집트에서는 이미 기원전 10세기 이전부터 상아나 동물의 뼈로 만든 주사위가 사용되었습니다. 우리나라에서도 신라 시대 유적지에서 '주령구'라는 이름의 주사위가 발견되었는데 사각형 면 6개와 육각형 면 8개로 이루어진 14면 주사위입니다.

눈의 수가 1부터 6까지인 정육면체 주사위의 눈의 합은 21입니다. 마주 보는 세 쌍의 눈의 합이 모두 같을 때, 마주 보는 눈의 합은 각각 얼마입니까? 7

$21 \div 3 = 7$

⊙ 마주 보는 눈의 합이 7인 주사위를 다음과 같이 이어 붙였을 때 바닥면의 눈의 합을 구하시오.

7
$6 + 1 = 7$

13
$1 + 2 + 4 + 6 = 13$

10
$3 + 2 + 5 = 10$

13
$4 + 4 + 3 + 2 = 13$

톡톡 포인트

정육면체 모양 주사위는 마주 보는 눈의 합이 7입니다. 이를 주사위의 칠점 원리라고 합니다.

🎲 주사위의 칠점 원리

마주 보는 눈의 합이 7인 주사위 5개를 맞닿는 면의 눈의 합이 8이 되도록 오른쪽과 같이 쌓았습니다. 5층 주사위 윗면의 눈이 1일 때, 1층 주사위 바닥면의 눈의 수를 구해 봅시다.

❶ 마주 보는 눈의 합이 7입니다. 5층 주사위 아랫면의 눈의 수를 구하시오. 6
$7 - 1 = 6$

❷ 서로 맞닿는 면의 눈의 합이 8입니다. 4층 주사위 윗면의 눈의 수를 구하시오. 2
$8 - 6 = 2$

❸ 같은 방법으로 4층, 3층, 2층 주사위의 윗면, 아랫면에 알맞은 눈의 수를 각각 써넣으시오.

2 / 5
4층

3 / 4
3층

4 / 3
2층

❹ 바닥면의 눈의 수는 얼마입니까? 2
2층 아랫면의 눈의 수가 3이므로 1층 윗면의 눈의 수는 $8 - 3 = 5$이고, 바닥면의 눈의 수는 $7 - 5 = 2$입니다.

[칠점 원리]

1 마주 보는 눈의 합이 7인 주사위 3개를 맞닿은 면의 눈의 합이 6이 되도록 다음과 같이 이어 붙였습니다. 맨 뒤쪽 면의 눈의 수를 구하시오. 6

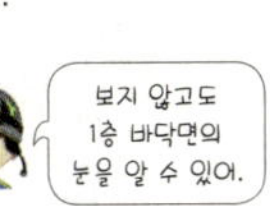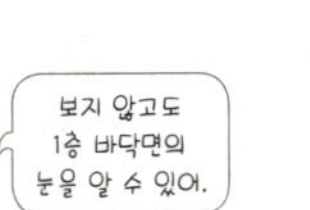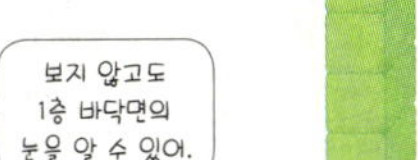

맨 앞 주사위 뒷면의 눈: $7 - 3 = 4$
두 번째 주사위 앞면의 눈: $6 - 4 = 2$, 뒷면의 눈: $7 - 2 = 5$
세 번째 주사위 앞면의 눈: $6 - 5 = 1$, 뒷면의 눈: $7 - 1 = 6$

[좌외전 주사위]

2 마주 보는 눈의 합이 7이고, 눈의 수 1, 2, 3이 시계 반대 방향으로 놓여 있는 주사위 4개를 맞닿은 면의 눈의 합이 7이 되도록 다음과 같이 이어 붙였습니다. 색칠한 면의 눈의 수를 구하시오. 3

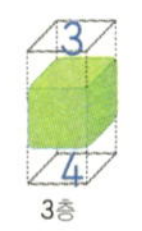

①번 주사위 뒷면의 눈: $7 - 2 = 5$
②번 주사위 앞면의 눈: $7 - 5 = 2$, 오른쪽 면의 눈: 3
③번 주사위 왼쪽 면의 눈: $7 - 3 = 4$, 오른쪽 면의 눈: $7 - 4 = 3$
④번 주사위 왼쪽 면의 눈: $7 - 3 = 4$, 오른쪽 면의 눈: $7 - 4 = 3$

🐸 겉면의 눈의 합

마주 보는 눈의 합이 7인 주사위 4개를 다음과 같이 이어 붙였습니다. 바닥면을 포함한 겉면의 눈의 합이 가장 클 때의 값을 알아봅시다.

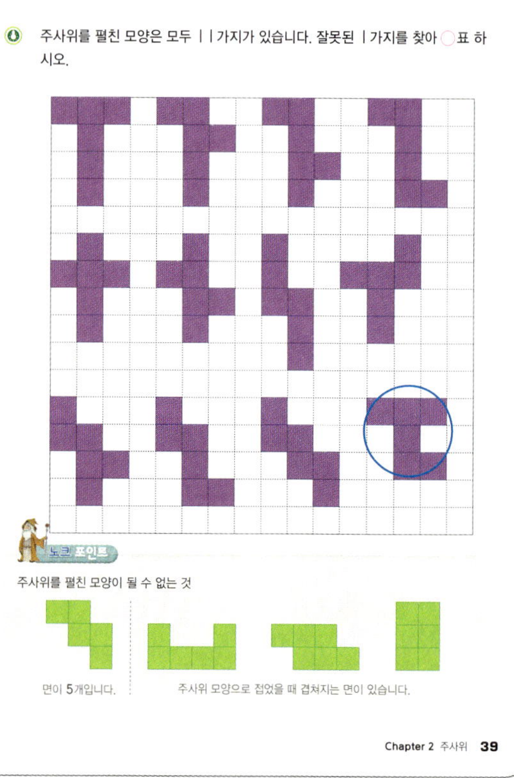

❶ 주사위 4개의 눈의 합을 구하시오. **84**
1+2+3+4+5+6=21, 21×4=84

❷ 주사위 겉면의 눈의 합이 가장 크려면 맞닿는 면의 눈의 크기는 어떠해야 합니까? **가능한 작아야 합니다.**

❸ 맞닿는 면 중 오른쪽 분홍색 두 면의 눈의 합은 주사위를 어떻게 돌려서 붙여도 항상 같습니다. 두 면의 눈의 합을 구하시오. **7**

❹ 주사위 겉면의 눈의 합이 가장 크려면 오른쪽 하늘색 면에는 가장 작은 눈이 들어가야 합니다. 연두색 두 면에는 각각 어떤 눈이 들어가야 합니까?
1, 2

❺ 겉면의 눈의 합은 전체 면의 눈의 합에서 맞닿은 면의 눈의 합을 뺀 값과 같습니다. 겉면의 눈의 합이 가장 클 때의 값을 구하시오. **72**
하늘색 면의 눈의 합: 1+1=2, 연두색 면의 눈의 합: 1+2=3
따라서 겉면의 눈의 합이 가장 클 때의 값은 84−7−2−3=72입니다.

[겉면의 눈의 합의 최솟값]

1 마주 보는 눈의 합이 7인 주사위 3개를 다음과 같이 이어 붙였습니다. 바닥면을 포함한 겉면의 눈의 합이 가장 작을 때의 값을 구하시오. **44**

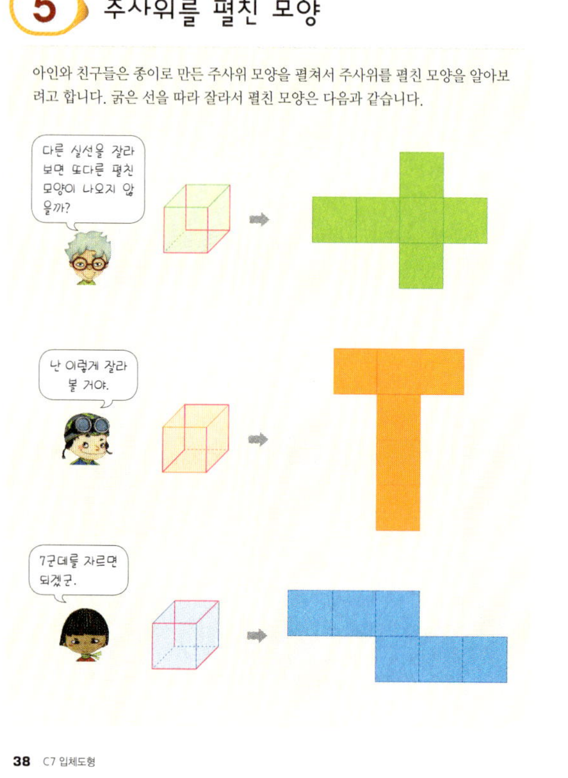

전체 면의 눈의 합: 21×3=63
②번 주사위의 맞닿는 면의 눈의 합: 7
①, ③번 주사위의 맞닿는 면의 눈의 합: 6+6=12
겉면의 눈의 합이 가장 작을 때의 값: 63−7−12=44

[주사위 건물]

2 마주 보는 눈의 합이 7인 주사위 4개를 다음과 같이 쌓았습니다. 바닥면을 포함한 겉면의 눈의 합이 가장 클 때의 값을 구하시오. **72**

각 주사위는 두 면씩 맞닿아 있고, 맞닿은 면은 각각 눈의 수가 1, 2입니다.
주사위 4개의 맞닿은 면의 눈의 합: 3×4=12
전체 면의 눈의 합: 21×4=84
겉면의 눈의 합이 가장 클 때의 값: 84−12=72

---

⑤ 주사위를 펼친 모양

아인와 친구들은 종이로 만든 주사위 모양을 펼쳐서 주사위를 펼친 모양을 알아보려고 합니다. 굵은 선을 따라 잘라서 펼친 모양은 다음과 같습니다.

---

❶ 주사위를 펼친 모양은 모두 11가지가 있습니다. 잘못된 1가지를 찾아 ◯표 하시오.

🐢 토크 포인트

주사위를 펼친 모양이 될 수 없는 것

면이 5개입니다.　　주사위 모양으로 접었을 때 겹쳐지는 면이 있습니다.

8　C7 입체도형

마주 보는 면 찾기

마주 보는 눈의 합이 7이 되도록 주사위를 펼친 모양의 빈 곳에 알맞게 눈을 그려 넣어 봅시다. (단, 주사위 눈의 방향은 상관없이 눈의 수만 올바르면 됩니다.)

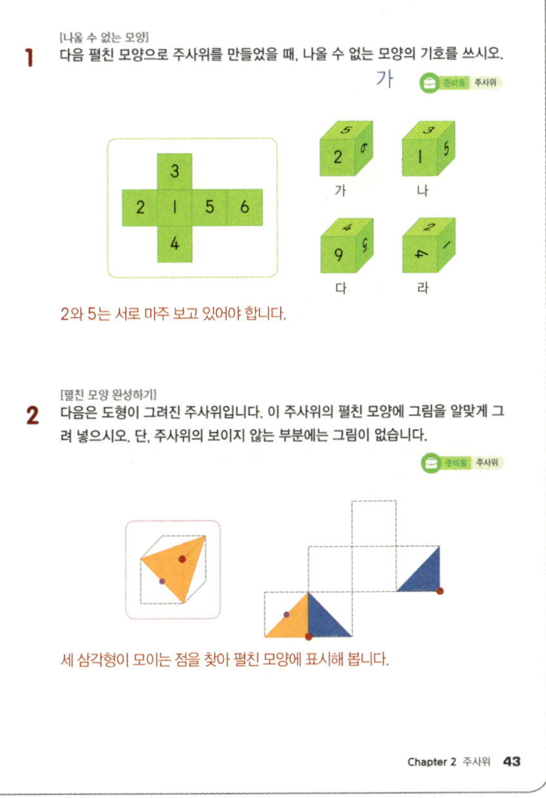

❶ 펼친 모양으로 주사위를 만들었을 때, 마주 보는 면에 같은 글자를 써넣으시오.

❷ 마주 보는 눈이 합이 7이 되도록 빈 곳에 알맞게 눈을 그려 넣으시오.

[같은 색 칠하기]

1 다음 펼친 모양으로 주사위를 만들었을 때, 마주 보는 면을 같은 색으로 칠해 보시오.

[잘못된 주사위]

2 마주 보는 눈의 합이 7이 되지 않는 주사위를 펼친 모양의 기호를 쓰시오. 다

가 나 다

펼친 모양 다는 마주 보는 눈의 수의 쌍이 다음과 같습니다.
(5, 3), (4, 1), (6, 2)

주사위 위, 앞, 옆

다음 펼친 모양으로 주사위를 만들었을 때, 오른쪽 옆에서 본 눈을 알맞게 그려 넣어 봅시다.

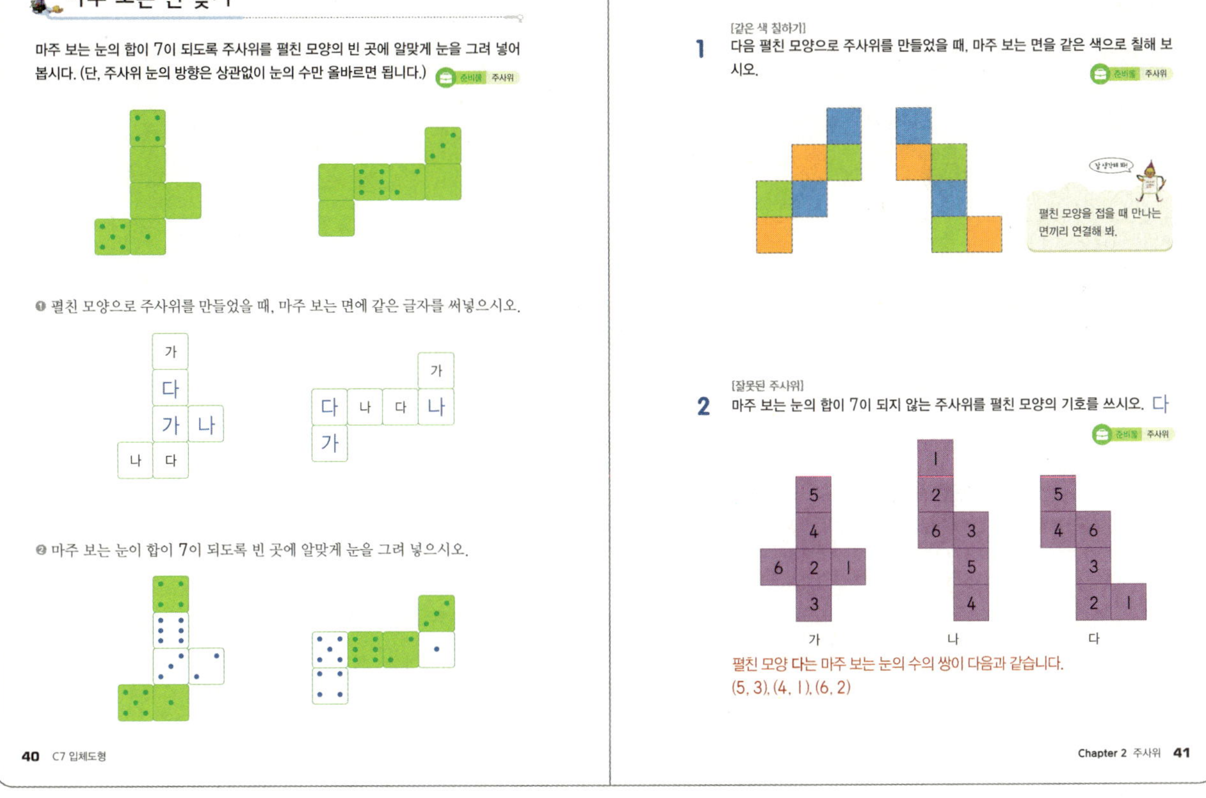

위 앞 옆

❶ 다음은 색칠한 부분을 ●을 중심으로 접었을 때의 주사위 모양입니다. 위, 오른 쪽 옆에서 본 눈을 그려 보시오.

위 앞 옆

❷ 같은 방법으로 4, 5, 6의 눈이 만나는 곳에 점을 찍고 5의 눈이 앞이 되도록 접었을 때의 모양을 생각하여 오른쪽 옆에서 본 눈을 그려 보시오.

[나올 수 없는 모양]

1 다음 펼친 모양으로 주사위를 만들었을 때, 나올 수 없는 모양의 기호를 쓰시오.
가

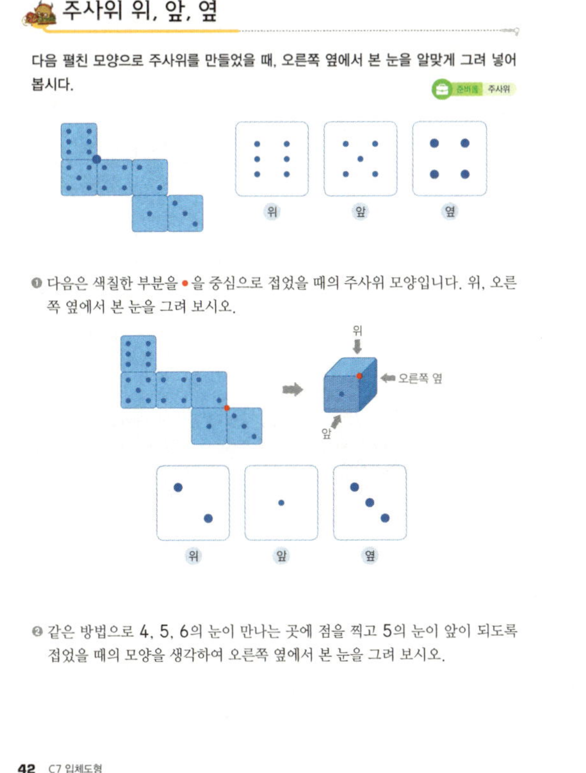

가 나 다 라

2와 5는 서로 마주 보고 있어야 합니다.

[펼친 모양 완성하기]

2 다음은 도형이 그려진 주사위입니다. 이 주사위의 펼친 모양에 그림을 알맞게 그려 넣으시오. 단, 주사위의 보이지 않는 부분에는 그림이 없습니다.

세 삼각형이 모이는 점을 찾아 펼친 모양에 표시해 봅니다.

6 롤링 다이스

지오는 둥근 공 모양으로 주사위를 만들었습니다.

태경이는 넓은 상자 모양으로 주사위를 만들었습니다.

초이는 삼각형 면 4개로 된 뿔 모양 주사위를 만들었습니다.

세 사람이 만든 주사위의 단점을 각각 생각해 봅시다.

예 지오: 너무 잘 굴러가고, 어떤 수가 나왔는지 알 수 없습니다.
태경: 좁은 면에 비해 넓은 면이 훨씬 자주 나옵니다.
초이: 눈의 수를 알아보기 복잡합니다.

🟢 주사위를 다음과 같이 한 칸씩 굴렸을 때, 위, 앞, 오른쪽 옆 방향에서 본 눈을 각각 그려 보시오. 단, 주사위 눈의 방향은 상관없이 눈의 수만 올바르면 됩니다.

위　앞　옆

위　앞　옆

위　앞　옆

도크 포인트

주사위에 알맞은 입체도형은 다음과 같은 조건에 맞아야 합니다.

① 잘 구르는 모양이어야 합니다.
② 구르다가도 바닥에 반듯하게 놓이면서 멈춰야 합니다.
③ 각 면이 나올 가능성이 최대한 비슷해야 합니다.
④ 멈췄을 때 어느 면이 윗면인지 알아볼 수 있어야 합니다.

🐾 한 방향 굴리기

마주 보는 눈의 합이 7인 주사위를 오른쪽으로 한 칸씩 10번 굴렸을 때, 바닥면의 눈의 수를 구해 봅시다.

준비물 주사위

❶ 주사위를 굴리기 전에 바닥면의 눈의 수는 얼마입니까? 5
$7-2=5$

❷ 주사위를 한 번 굴렸을 때와 두 번 굴렸을 때 바닥면의 눈의 수는 각각 얼마입니까? 1, 2

❸ 주사위를 세 번 굴리면 한 번 굴렸을 때의 바닥면과 마주 보는 면이 바닥면이 됩니다. 세 번 굴렸을 때 바닥면의 눈의 수는 얼마입니까? 6

❹ 주사위를 네 번 굴리면 굴리기 전과 같은 면이 바닥면이 됩니다. 주사위를 오른쪽으로 한 칸씩 굴렸을 때 바닥면의 눈의 수가 반복되는 규칙을 설명해 보시오.

바닥면의 눈의 수는 1, 2, 6, 5가 반복됩니다.

❺ 주사위를 10번 굴렸을 때 바닥면의 눈의 수는 얼마입니까? 2

[대굴대굴 주사위]

1 마주 보는 눈의 합이 7인 주사위를 같은 방향으로 한 칸씩 8번 굴렸을 때, 바닥면의 눈의 수를 구하시오. 1

바닥면은 같은 방향으로 4번씩 굴릴 때마다 처음 놓인 바닥면과 같습니다. 따라서 주사위를 같은 방향으로 8번 굴리면 바닥면의 눈의 수는 처음 놓인 바닥면의 눈의 수인 1이 됩니다.

[구르는 주사위 수수께끼]

2 마주 보는 눈의 합이 7인 주사위를 같은 방향으로 한 칸씩 13번 굴리면서 각 바닥면의 눈의 수를 모두 더했더니 44가 되었습니다. 주사위를 13번 굴렸을 때 윗면의 눈의 수를 구하시오. 5

마주 보는 눈의 합이 7이고, 같은 방향으로 4번씩 굴릴 때마다 같은 자리로 돌아오므로
12번 굴렸을 때 바닥면의 눈의 합: $14×3=42$
13번 굴렸을 때 바닥면의 눈: $44-42=2$
13번 굴렸을 때 윗면의 눈: $7-2=5$

🐌 바닥면의 눈

마주 보는 눈의 합이 7인 주사위를 다음과 같이 한 칸씩 굴렸을 때, 마지막 칸에서 바닥면의 눈의 수를 구해 봅시다.

준비물 주사위

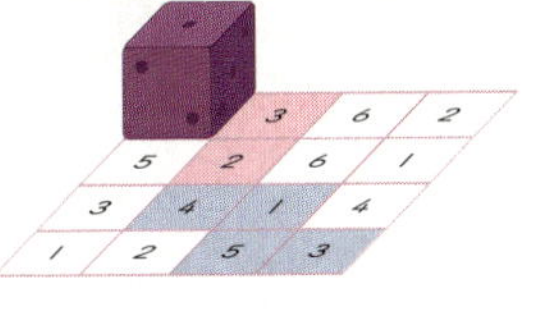

❶ 오른쪽으로 한 번 굴렸을 때 주사위의 위, 앞, 오른쪽 옆 모양을 생각하여 오른쪽 주사위의 빈 곳에 눈의 수를 써넣으시오.

❷ 주사위를 앞으로 한 번 더 굴리면 오른쪽으로 한 번 굴린 주사위의 앞면이 바닥면이 됩니다. 오른쪽 주사위의 빈 곳에 2칸 굴린 주사위의 눈의 수를 써넣으시오.

❸ 같은 방법으로 3칸, 4칸 굴린 주사위의 눈의 수를 써넣으시오.

3칸 굴린 주사위　　4칸 굴린 주사위

❹ 마지막 칸에서 바닥면의 눈의 수는 얼마입니까? 5

마지막 칸의 주사위

[돌아온 주사위]

1 마주 보는 눈의 합이 7인 주사위를 다음과 같이 한 칸씩 굴려서 처음 자리로 돌아왔습니다. 돌아온 주사위의 바닥면의 눈의 수를 구하시오. 5 준비물 주사위

[위에서 본 주사위 굴림]

2 다음과 같은 판 위에 마주 보는 눈의 합이 7인 주사위를 윗면의 눈이 5가 되게 놓은 후, 색칠한 칸을 따라 한 칸씩 굴렸습니다. 마지막 칸에서 바닥면의 눈의 수를 구하시오. 2

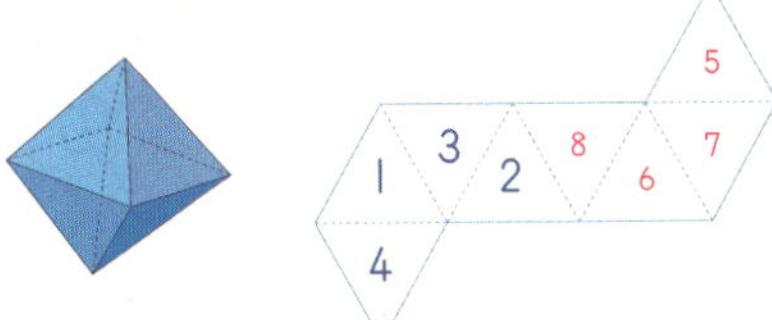

주사위를 한 방향으로 4번 굴리면 처음 놓인 모양과 같습니다. 문제의 주사위는 아래로 4번, 오른쪽으로 4번, 위로 4번 굴렸으므로 처음 놓인 모양과 같습니다.

🧚 창의적 문제해결력

🎬 동영상 특강
QR 코드를 찍어 보세요!

1 마주 보는 눈의 합이 7인 주사위 5개를 다음과 같이 쌓았습니다. 바닥면을 포함하여 보이지 않는 9개 면의 눈의 합을 구하시오. 32

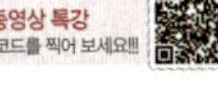

5층 주사위의 아랫면의 눈: $7-3=4$
아래 4개 주사위의 윗면, 아랫면의 눈의 합: $7 \times 4 = 28$
보이지 않는 면의 눈의 합: $4 + 28 = 32$

2 마주 보는 눈의 합이 7인 주사위 4개를 다음과 같이 이어 붙였습니다. 바닥면을 포함한 겉면의 눈의 합이 가장 작을 때의 값을 구하시오. 63

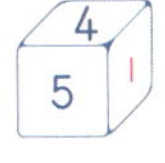

주사위 4개의 겉면의 눈의 합: $21 \times 4 = 84$
①번 주사위 아랫면의 눈: 2
②번 주사위 오른쪽 면의 눈: 5
③번 주사위 왼쪽과 오른쪽 면의 눈의 합: 7
③번 주사위 윗면의 눈: 5
④번 주사위 왼쪽 면의 눈: 2
겉면의 눈의 합이 가장 작을 때의 값: $84-2-5-7-5-2=63$

3 정삼각형 면 8개로 1부터 8까지의 수가 적힌 주사위를 만들려고 합니다. 주사위의 마주 보는 면에 있는 수의 합이 모두 같도록 펼친 모양의 빈 곳에 알맞은 수를 써넣으시오.

1에서 8까지의 수를 두 수의 합이 서로 같도록 짝지으면 (1, 8), (2, 7), (3, 6), (4, 5)입니다.

4 마주 보는 눈의 합이 7인 주사위를 다음과 같이 놓고 오른쪽이나 앞쪽으로 한 칸씩 굴리려고 합니다. 바닥면의 눈의 수와 바닥의 수가 같아지는 방향으로만 굴릴 수 있을 때, 주사위가 지나가는 칸에 모두 색칠하시오.

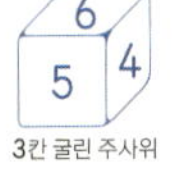

색종이 아트

7 색종이 접어 자르기

초이는 규칙없이 자유로운 모양보다는 조화롭게 여러 규칙들이 어우러진 모양을 좋아합니다.

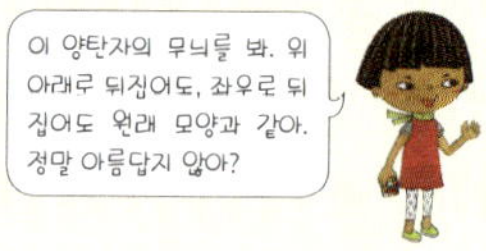

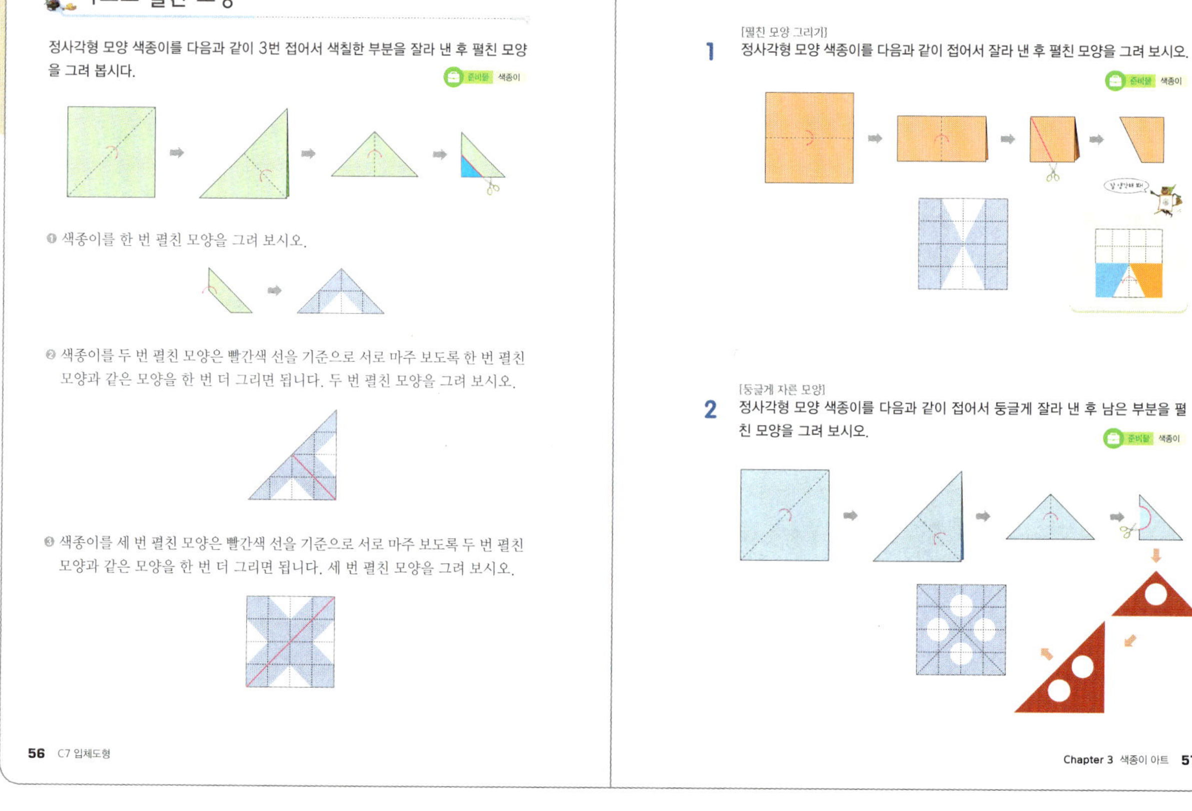

초이는 위아래로 뒤집어도, 좌우로 뒤집어도 원래 모양과 같은 무늬를 좋아합니다. 초이가 좋아하는 무늬가 되도록 모양의 나머지 부분을 완성해 보시오.

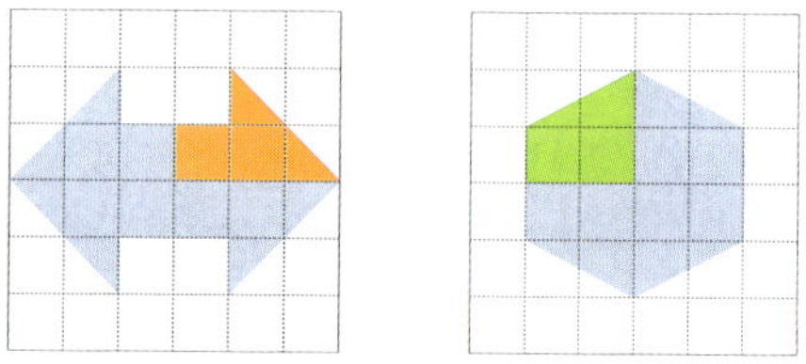

정사각형 모양 색종이를 다음과 같이 두 번 접어서 잘라 낸 후 펼친 모양을 그려 보시오.

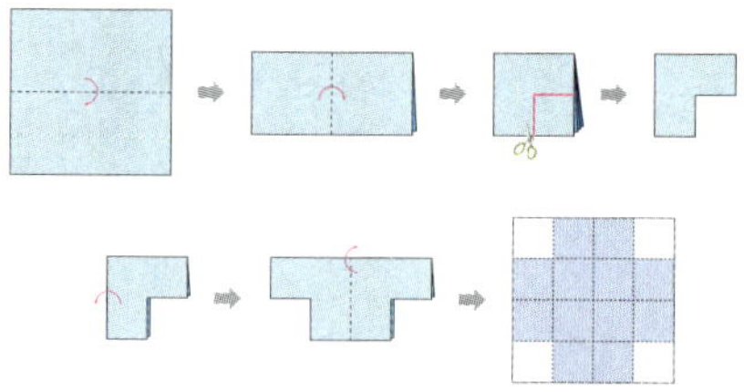

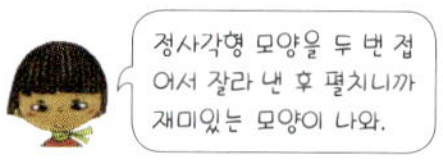

체크 포인트

색종이를 접어서 자른 것을 다시 펼칠 때, 펼친 모양은 접은 순서를 반대로 생각하여 그립니다.

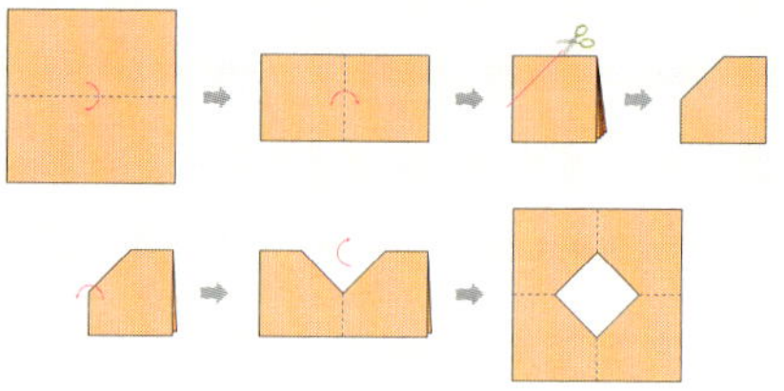

자르고 펼친 모양

정사각형 모양 색종이를 다음과 같이 3번 접어서 색칠한 부분을 잘라 낸 후 펼친 모양을 그려 봅시다.

훈련용 색종이

❶ 색종이를 한 번 펼친 모양을 그려 보시오.

❷ 색종이를 두 번 펼친 모양은 빨간색 선을 기준으로 서로 마주 보도록 한 번 펼친 모양과 같은 모양을 한 번 더 그리면 됩니다. 두 번 펼친 모양을 그려 보시오.

❸ 색종이를 세 번 펼친 모양은 빨간색 선을 기준으로 서로 마주 보도록 두 번 펼친 모양과 같은 모양을 한 번 더 그리면 됩니다. 세 번 펼친 모양을 그려 보시오.

[펼친 모양 그리기]

1 정사각형 모양 색종이를 다음과 같이 접어서 잘라 낸 후 펼친 모양을 그려 보시오.

훈련용 색종이

[둥글게 자른 모양]

2 정사각형 모양 색종이를 다음과 같이 접어서 둥글게 잘라 낸 후 남은 부분을 펼친 모양을 그려 보시오.

훈련용 색종이

자르는 선

정사각형 모양 색종이를 다음과 같이 접어서 자른 후 펼친 모양이 오른쪽과 같습니다.
가로로 잘라 낸 부분을 색종이를 두 번 접은 모양에 나타내어 봅시다.

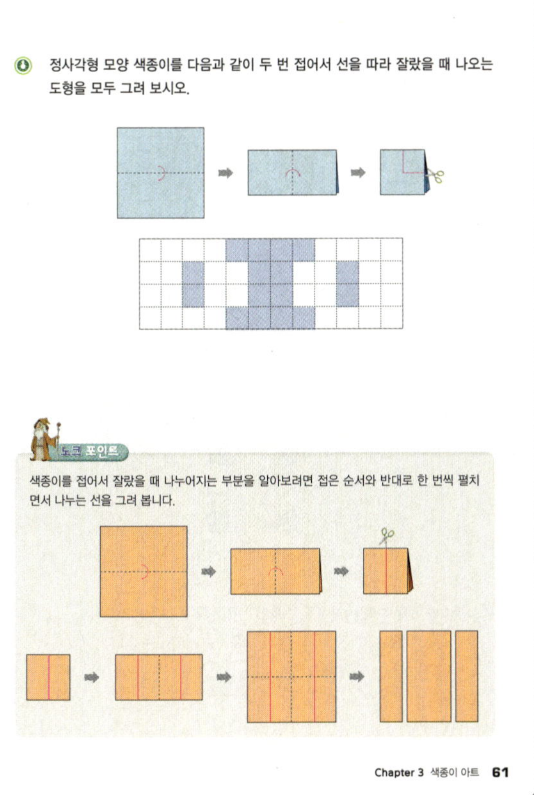

❶ 펼친 모양을 점선을 따라 아래로 접은 모양을 그려 보시오.

❷ ❶에서 접은 모양을 다시 한 번 오른쪽으로 접은 모양을 그려 보시오.

❸ 두 번 접은 색종이에 가로로 잘라 낸 부분을 표시해 보시오.

[어떻게 잘랐을까?]

1 정사각형 모양 색종이를 다음과 같이 접어서 자른 후 펼친 모양이 오른쪽과 같습니다. 가로로 잘라 낸 부분을 색종이를 두 번 접은 모양에 나타내어 보시오.

[모눈 색종이 접어 자르기]

2 일정한 간격으로 모눈이 있는 색종이를 다음과 같이 접어서 자른 후 펼친 모양이 오른쪽과 같습니다. 가로로 잘라 낸 부분을 아래 색종이에 나타내어 보시오.

⑧ 색종이 잘라 나누기

지오와 아인이는 칼질을 세 번만 해서 케이크를 최대한 많은 조각으로 나누는 방법을 이야기하고 있습니다.

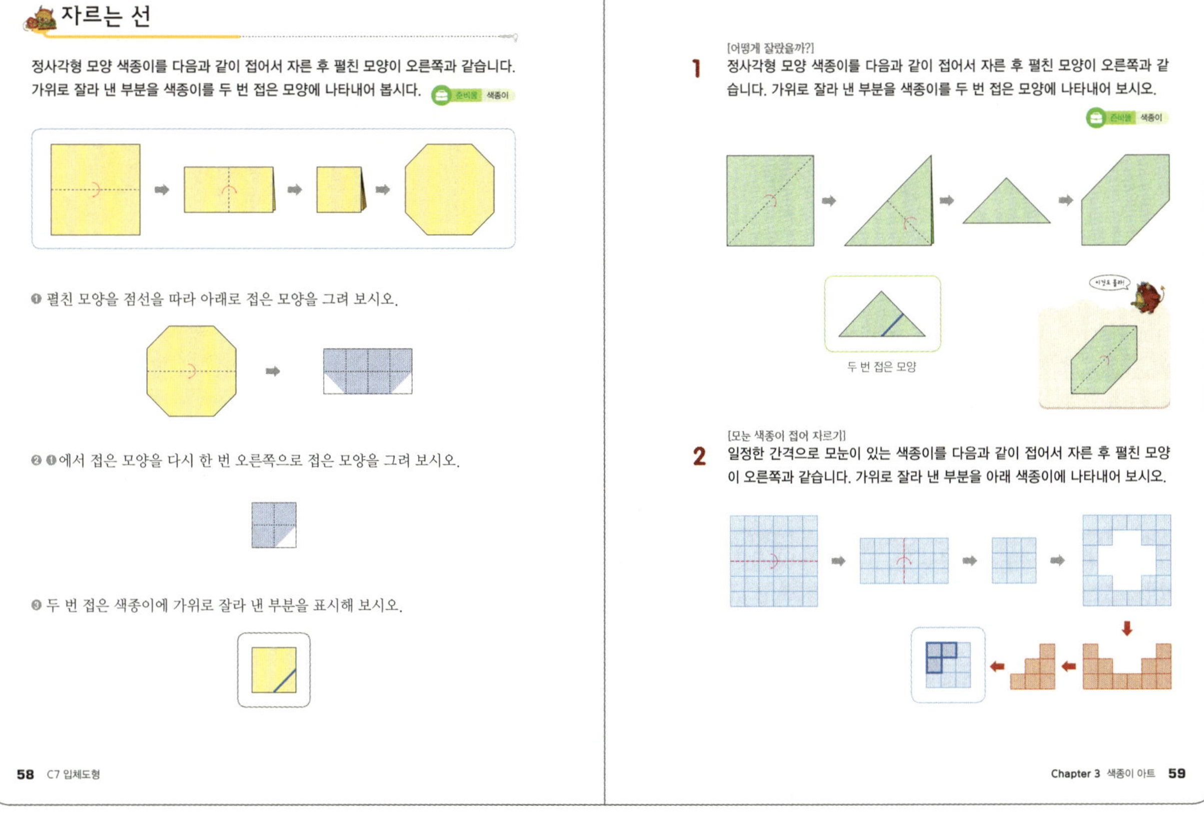

지오와 아인이가 찾은 방법을 각각 그림으로 나타내어 보시오.

④ 정사각형 모양 색종이를 다음과 같이 두 번 접어서 선을 따라 잘랐을 때 나오는 도형을 모두 그려 보시오.

토크 포인트

색종이를 접어서 잘랐을 때 나누어지는 부분을 알아보려면 접은 순서와 반대로 한 번씩 펼치면서 나누는 선을 그려 봅니다.

🐗 잘린 도형의 수

정사각형 모양 색종이를 다음과 같이 두 번 접어서 선을 따라 잘랐을 때 나오는 도형을
종류별로 모두 그리고, 각 도형의 수를 구해 봅시다.

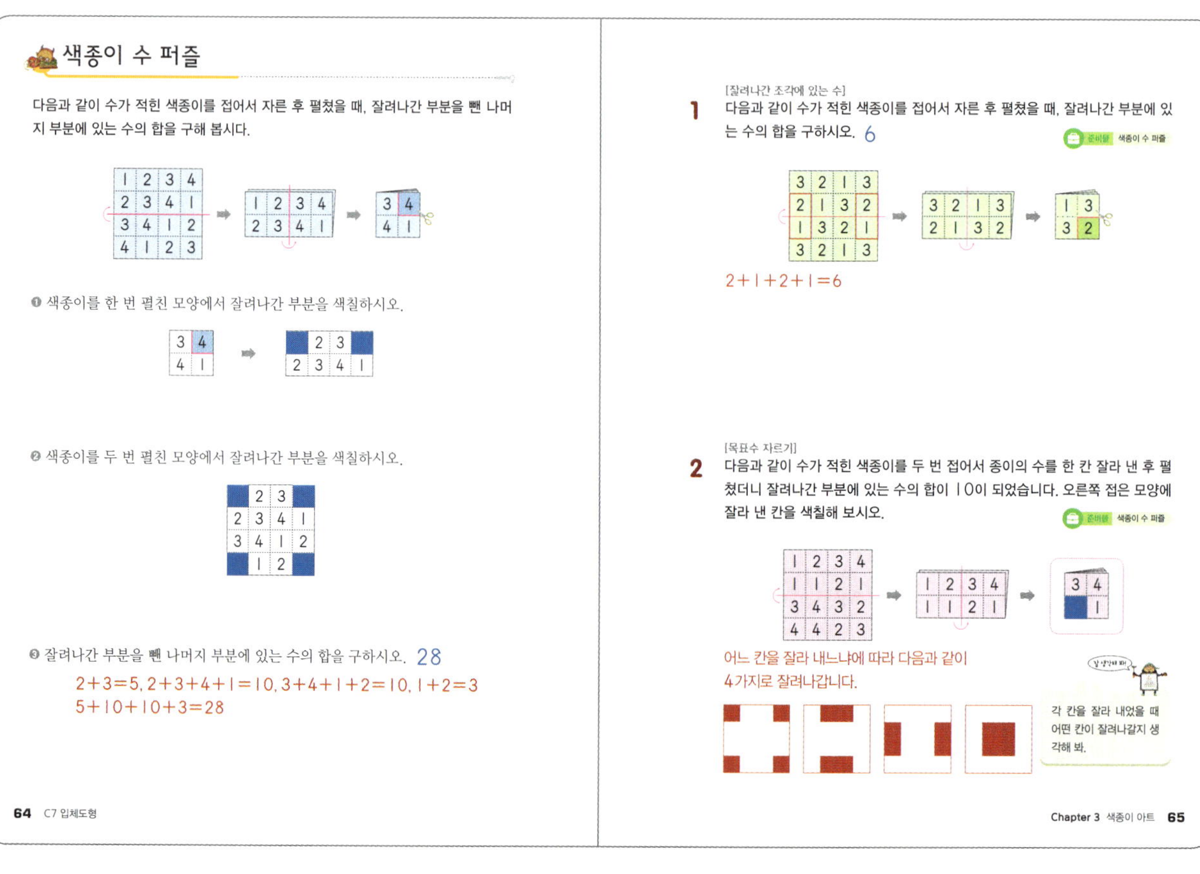

❶ 색종이를 한 번 펼친 모양 위에 잘리는 선을 그려 보시오.

❷ 색종이를 두 번 펼친 모양 위에 잘리는 선을 그려 보시오.

❸ ❷의 펼친 모양 위에 그려진 선을 보고 선을 따라 잘랐을 때 나오는 도형을 종
　류별로 모두 그리고, 각 도형의 수를 세어 보시오.

1 개　　4 개　　4 개

[잘린 도형의 종류]

1 정사각형 모양 색종이를 다음과 같이 두 번 접어서 선을 따라 잘랐을 때 나오는
도형 중 가장 큰 도형을 그려 보시오.

가운데 큰 도형을 작은 도
형들이 둘러싼 모양이야.

[두 번 자르기]

2 정사각형 모양 색종이를 다음과 같이 접어서 선을 따라 두 번 잘랐을 때 나오는
도형은 모두 몇 개입니까? 6개

🐗 색종이 수 퍼즐

다음과 같이 수가 적힌 색종이를 접어서 자른 후 펼쳤을 때, 잘려나간 부분을 뺀 나머
지 부분에 있는 수의 합을 구해 봅시다.

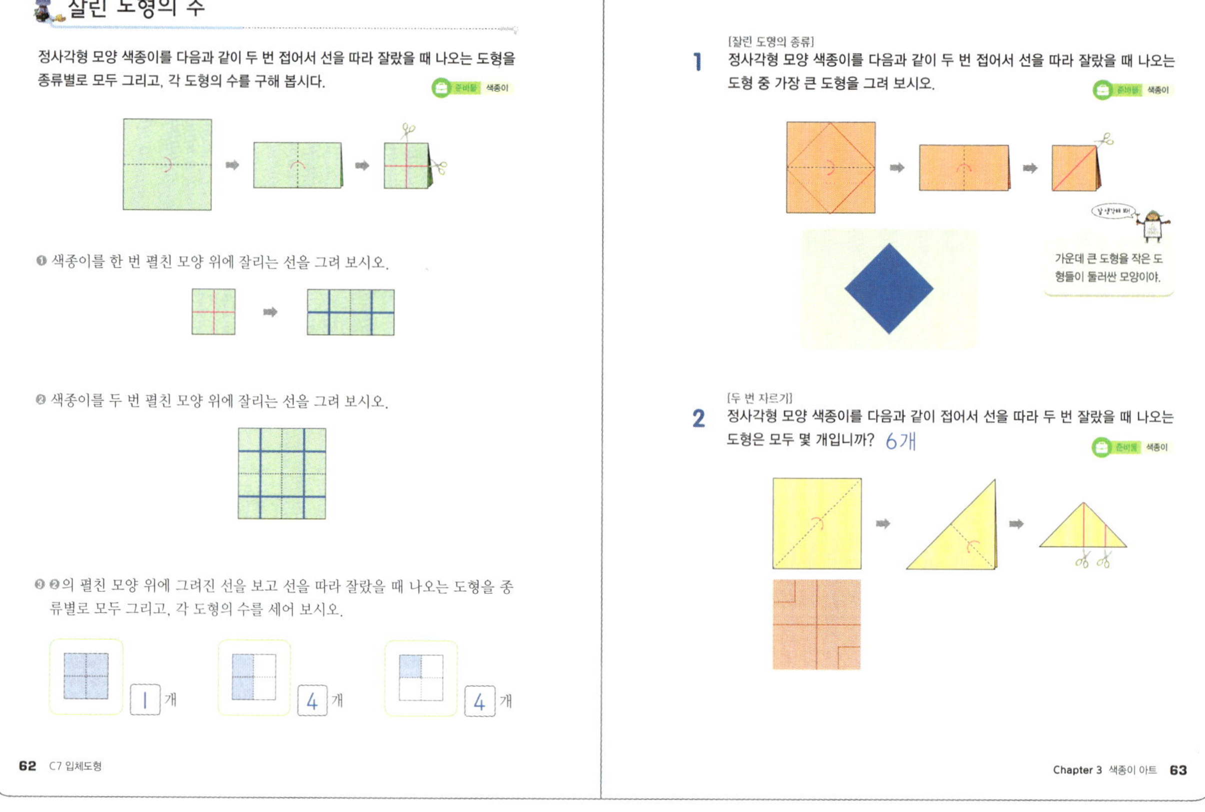

❶ 색종이를 한 번 펼친 모양에서 잘려나간 부분을 색칠하시오.

❷ 색종이를 두 번 펼친 모양에서 잘려나간 부분을 색칠하시오.

❸ 잘려나간 부분을 뺀 나머지 부분에 있는 수의 합을 구하시오. 28

$$2+3=5, 2+3+4+1=10, 3+4+1+2=10, 1+2=3$$
$$5+10+10+3=28$$

[잘려나간 조각에 있는 수]

1 다음과 같이 수가 적힌 색종이를 접어서 자른 후 펼쳤을 때, 잘려나간 부분에 있
는 수의 합을 구하시오. 6

$$2+1+2+1=6$$

[목표수 자르기]

2 다음과 같이 수가 적힌 색종이를 두 번 접어서 종이의 수를 한 칸 잘라 낸 후 펼
쳤더니 잘려나간 부분에 있는 수의 합이 10이 되었습니다. 오른쪽 접은 모양에
잘라 낸 칸을 색칠해 보시오.

어느 칸을 잘라 내느냐에 따라 다음과 같이
4가지로 잘려나갑니다.

각 칸을 잘라 내었을 때
어떤 칸이 잘려나갈지 생
각해 봐.

9 색종이 공예

지오와 초이는 색종이로 교실 창문에 장식할 예쁜 무늬를 만들고 있습니다. 두 사람은 먼저 색종이를 그림과 같이 세 번 접었습니다.

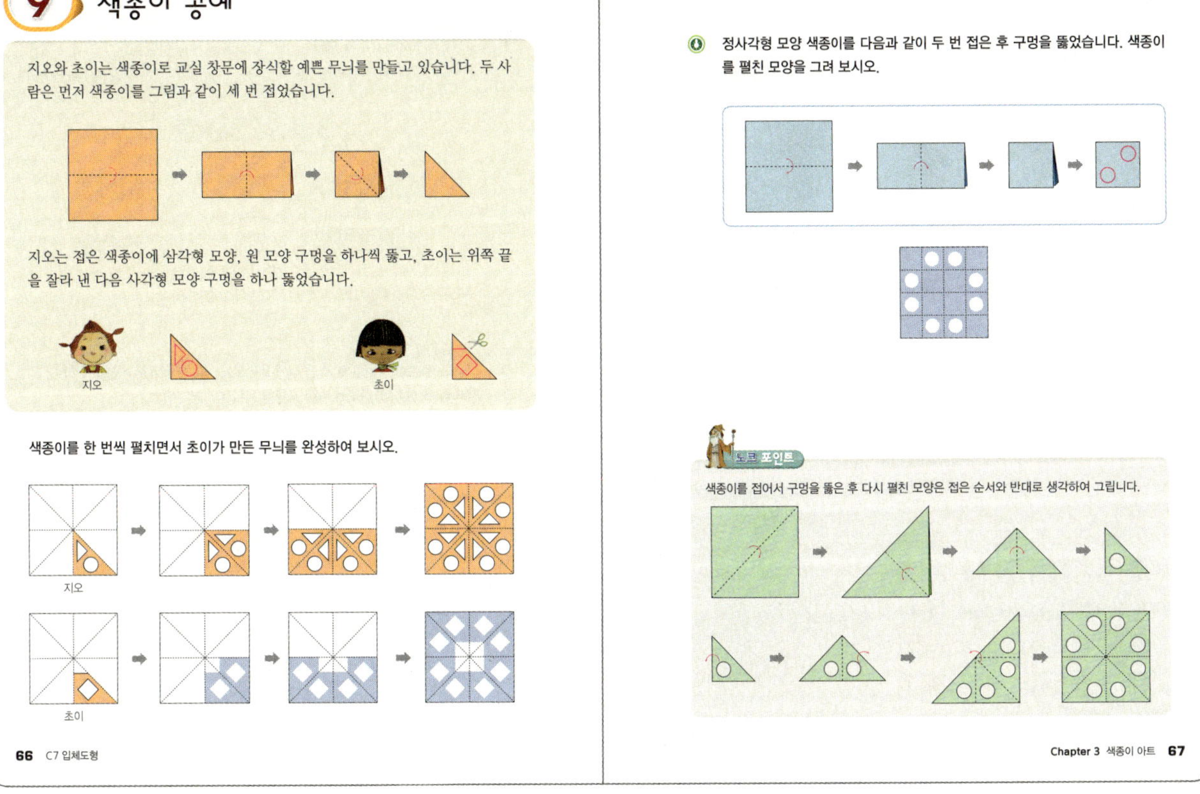

지오는 접은 색종이에 삼각형 모양, 원 모양 구멍을 하나씩 뚫고, 초이는 위쪽 끝을 잘라 낸 다음 사각형 모양 구멍을 하나 뚫었습니다.

지오

초이

색종이를 한 번씩 펼치면서 초이가 만든 무늬를 완성하여 보시오.

지오

초이

---

❶ 정사각형 모양 색종이를 다음과 같이 두 번 접은 후 구멍을 뚫었습니다. 색종이를 펼친 모양을 그려 보시오.

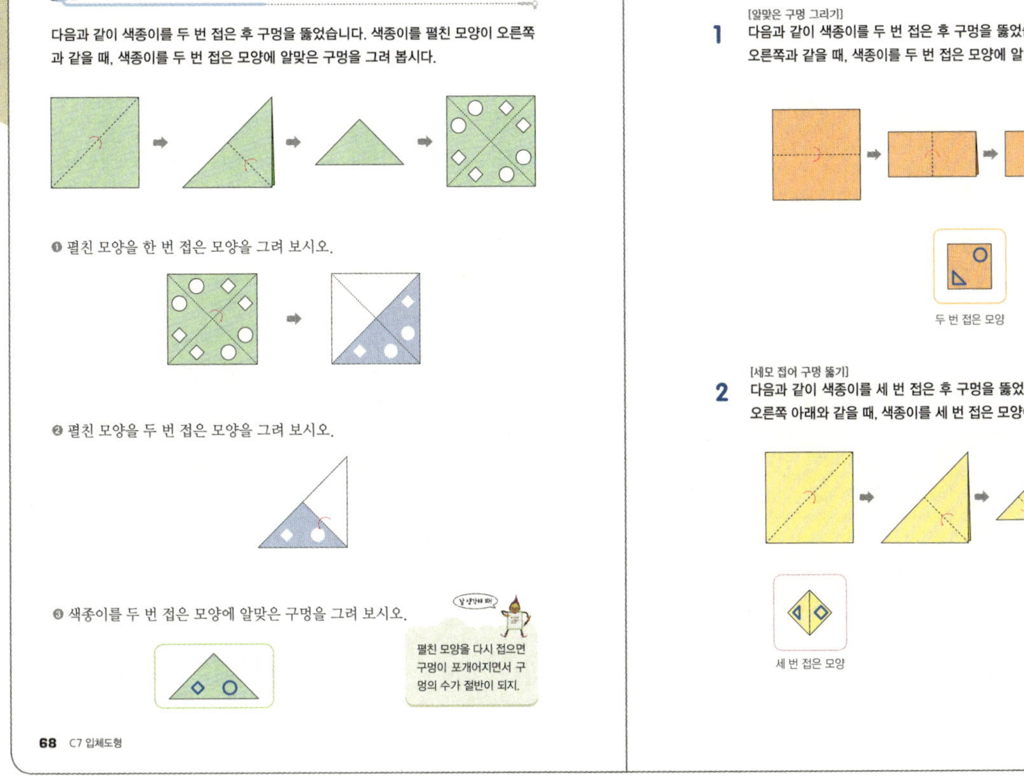

노트 포인트

색종이를 접어서 구멍을 뚫은 후 다시 펼친 모양은 접은 순서와 반대로 생각하여 그립니다.

구멍 뚫어 무늬 만들기

다음과 같이 색종이를 두 번 접은 후 구멍을 뚫었습니다. 색종이를 펼친 모양이 오른쪽과 같을 때, 색종이를 두 번 접은 모양에 알맞은 구멍을 그려 봅시다.

❶ 펼친 모양을 한 번 접은 모양을 그려 보시오.

❷ 펼친 모양을 두 번 접은 모양을 그려 보시오.

❸ 색종이를 두 번 접은 모양에 알맞은 구멍을 그려 보시오.

펼친 모양을 다시 접으면 구멍이 포개어지면서 구멍의 수가 절반이 되지.

[알맞은 구멍 그리기]

1 다음과 같이 색종이를 두 번 접은 후 구멍을 뚫었습니다. 색종이를 펼친 모양이 오른쪽과 같을 때, 색종이를 두 번 접은 모양에 알맞은 구멍을 그려 보시오.

두 번 접은 모양

[세모 접어 구멍 뚫기]

2 다음과 같이 색종이를 세 번 접은 후 구멍을 뚫었습니다. 색종이를 펼친 모양이 오른쪽 아래와 같을 때, 색종이를 세 번 접은 모양에 알맞은 구멍을 그려 보시오.

세 번 접은 모양

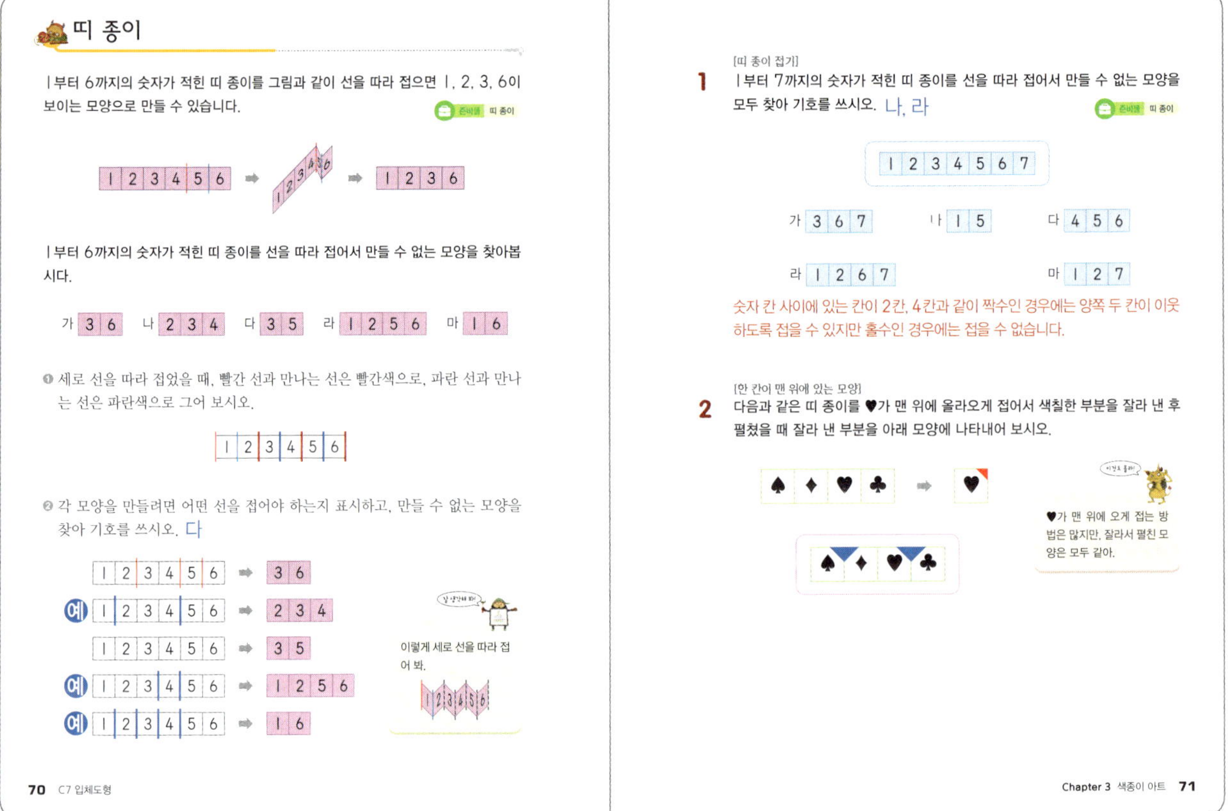

띠 종이

70 · 71

|부터 6까지의 숫자가 적힌 띠 종이를 그림과 같이 선을 따라 접으면 |, 2, 3, 6이 보이는 모양으로 만들 수 있습니다.

|부터 6까지의 숫자가 적힌 띠 종이를 선을 따라 접어서 만들 수 없는 모양을 찾아봅시다.

가 3 6 나 2 3 4 다 3 5 라 1 2 5 6 마 1 6

❶ 세로 선을 따라 접었을 때, 빨간 선과 만나는 선은 빨간색으로, 파란 선과 만나는 선은 파란색으로 그어 보시오.

❷ 각 모양을 만들려면 어떤 선을 접어야 하는지 표시하고, 만들 수 없는 모양을 찾아 기호를 쓰시오. 다

이렇게 세로 선을 따라 접어 봐.

70 C7 입체도형

[띠 종이 접기]

1 |부터 7까지의 숫자가 적힌 띠 종이를 선을 따라 접어서 만들 수 없는 모양을 모두 찾아 기호를 쓰시오. 나, 라

가 3 6 7 나 1 5 다 4 5 6 라 1 2 6 7 마 1 2 7

숫자 칸 사이에 있는 칸이 2칸, 4칸과 같이 짝수인 경우에는 양쪽 두 칸이 이웃하도록 접을 수 있지만 홀수인 경우에는 접을 수 없습니다.

[한 칸이 맨 위에 있는 모양]

2 다음과 같은 띠 종이를 ♥가 맨 위에 올라오게 접어서 색칠한 부분을 잘라 낸 후 펼쳤을 때 잘라 낸 부분을 아래 모양에 나타내어 보시오.

♥가 맨 위에 오게 접는 방법은 많지만, 잘라서 펼친 모양은 모두 같아.

Chapter 3 색종이 아트 71

창의적 문제해결력

72 · 73

1 종이를 다음과 같이 접어서 색칠한 부분을 잘라 낸 후 펼친 모양을 그려 보시오.

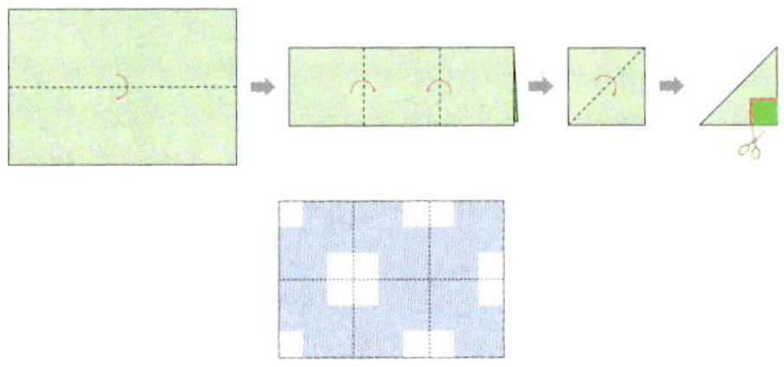

2 정사각형 모양 색종이를 다음과 같이 접어서 자른 후 펼친 모양이 오른쪽 아래와 같습니다. 가위로 잘라 낸 부분을 색종이를 세 번 접은 모양에 나타내어 보시오.

세 번 접은 모양

72 C7 입체도형

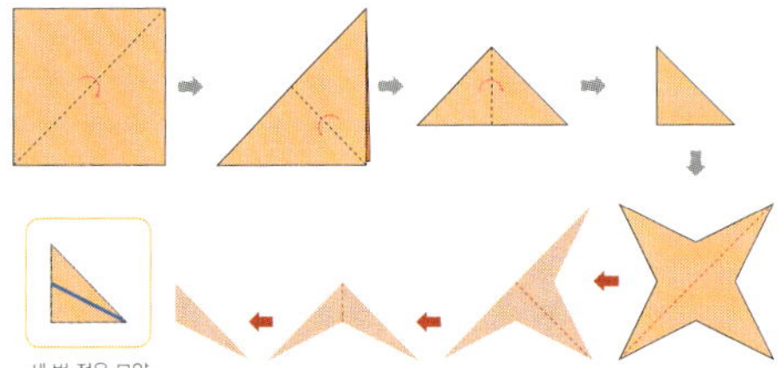

♥ 동영상 특강
QR 코드를 찍어 보세요!!

3 정사각형 모양 색종이를 다음과 같이 두 번 접어서 선을 따라 잘랐을 때 나오는 도형은 모두 몇 개입니까? | | 개

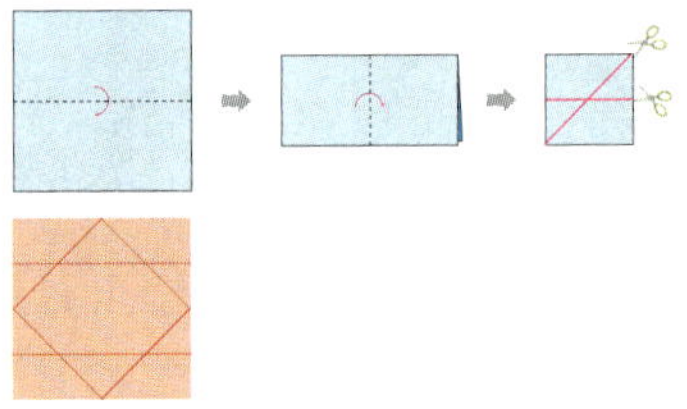

4 다음과 같은 수 퍼즐 종이를 7이 맨 위에 올라오게 접어서 색칠한 부분을 잘라 낸 후 펼쳤을 때 잘라 낸 부분을 아래 모양에 나타내어 보시오.

Chapter 3 색종이 아트 73

---

16 C7 입체도형

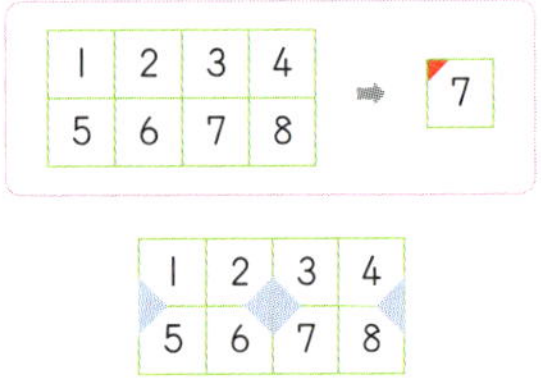

⑩ 평면과 입체

가장 기본이 되는 도형은 점입니다. 점은 실제로는 크기가 없고, 위치만 있는 도형입니다. 점이 끊어지지 않고 계속 움직이면서 만들어진 도형을 선이라고 합니다.

선

선이 계속 움직여서 만들어진 것을 면이라고 합니다. 이 중 바닥면과 같이 평평한 면을 평면이라 하고, 평면 위에 그려진 도형을 평면도형이라 부릅니다.

평면도형

면이 계속 쌓여서 만들어진 것을 입체라고 합니다. 우리가 주위에서 볼 수 있는 사물은 대부분 입체입니다. 입체로 된 도형을 입체도형이라 부릅니다.

입체도형

점으로만 이루어진 세상을 0차원, 선으로 이루어진 세상을 1차원, 면으로 이루어진 세상을 2차원, 입체로 이루어진 세상을 3차원이라고 부릅니다. 우리가 살고 있는 세상은 3차원 세계입니다.

🔵 왼쪽 평면도형이 위아래로 계속 쌓여서 만들 수 있는 입체도형을 찾아 선으로 이어 보시오.

노르킨 포인트

입체도형 중 기둥 모양과 뿔 모양이 있습니다. 기둥 모양은 마주 보는 면이 평평하면서 서로 똑같은 모양이고, 뿔 모양은 한쪽 면은 평평하고 다른 한 쪽은 뾰족한 모양입니다.

🧢 기둥 모양, 뿔 모양

다음 입체도형을 보고 물음에 답하시오.

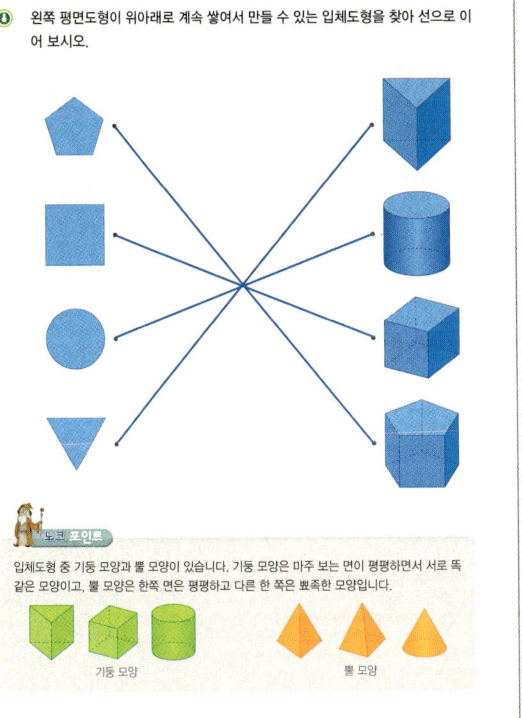

❶ 마주 보는 면이 평평하면서 서로 똑같은 입체도형을 기둥 모양이라고 합니다. 기둥 모양인 것을 모두 찾아 기호를 쓰시오. 나, 다, 마, 사

❷ 한쪽 면이 평평하면서 다른 한 쪽은 뾰족한 입체도형을 뿔 모양이라고 합니다. 뿔 모양인 것을 모두 찾아 기호를 쓰시오. 바, 아

❸ 면이 6개인 입체도형을 모두 찾아 기호를 쓰시오. 다, 라

❹ 삼각형인 면이 4개인 입체도형을 찾아 기호를 쓰시오. 아

각진 뿔 모양은 바닥면을 뺀 나머지 면이 모두 삼각형이야.

[도형 수수께끼]

1 태경이와 지오가 설명하고 있는 입체도형을 찾아 기호를 쓰시오. 라

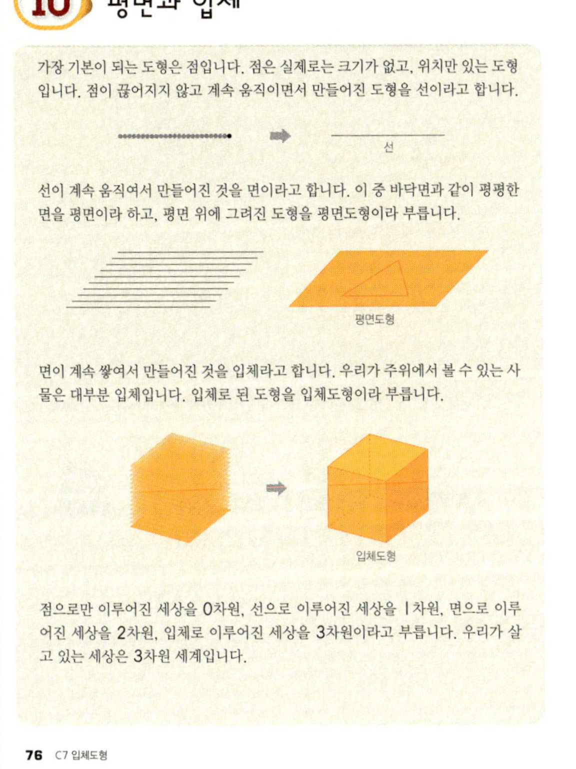

[기둥도 뿔도 아닌 모양]

2 다음 중 기둥 모양도 뿔 모양도 아닌 입체도형을 찾아 면의 수를 구하시오. 5개

두 번째 입체도형은 기둥 모양처럼 보이지만 윗면과 아랫면의 크기가 다르므로 기둥 모양이 아닙니다.

정답 및 해설 **17**

🐾 도형 유비 추론

도형이 대응되는 규칙을 찾아 빈 곳에 알맞은 도형을 찾아봅시다.

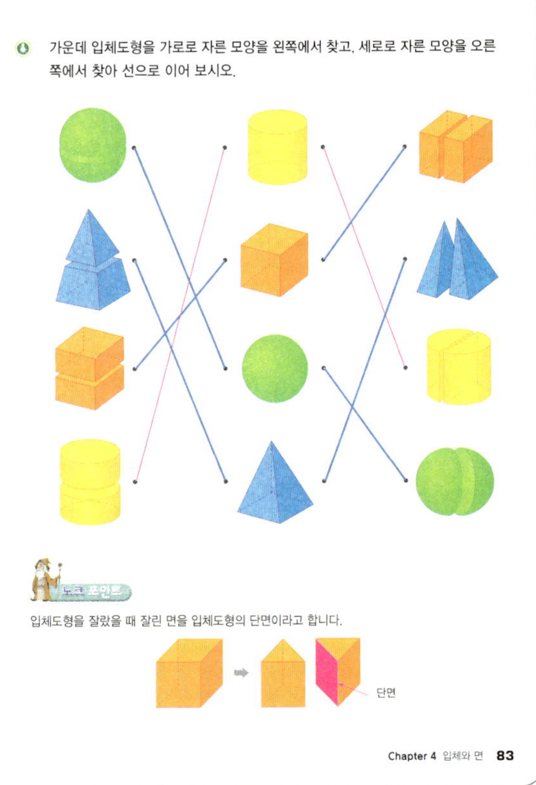

가   나   다   라

❶ 화살표 왼쪽의 두 입체도형은 어떤 공통점이 있습니까? **바닥에 닿는 면이 삼각형입니다.**

공통점은 바닥에 닿는 면의 모양과 관계가 있어.

❷ 화살표 왼쪽의 두 입체도형은 어떤 차이점이 있습니까?
왼쪽은 기둥 모양, 오른쪽은 뿔 모양입니다.

❸ 화살표 왼쪽의 두 입체도형의 공통점과 차이점을 보고 빈 곳에 알맞은 도형의 기호를 쓰시오. **나**
빈 곳에는 바닥에 닿는 면이 오각형인 기둥 모양이 들어갑니다.

[나머지와 다른 하나]

1 나머지와 다른 하나의 기호를 쓰시오. **다**

가   나   다   라

가, 나, 라는 위에서 본 모양이 원이고,
다는 위에서 본 모양이 사각형입니다.

입체도형을 위에서 본 모양을 비교해 봐.

[대응 규칙 찾기]

2 도형이 대응되는 규칙을 찾아 빈 곳에 알맞은 도형을 그려 보시오.

바닥에 닿는 면을 둘러싸고 있는 면의 모양이 화살표 오른쪽에 들어갑니다.

---

⑪ 가로세로 자른 모양

병원에서 하는 정밀 검사 중 컴퓨터 단층 촬영, 또는 CT 촬영이라고 부르는 검사 방법이 있습니다. 사람이 기계에 들어가면 사람의 몸을 가로로 자른 면을 촬영하게 되어 수술을 하지 않아도 몸 속의 이상을 알 수 있습니다.

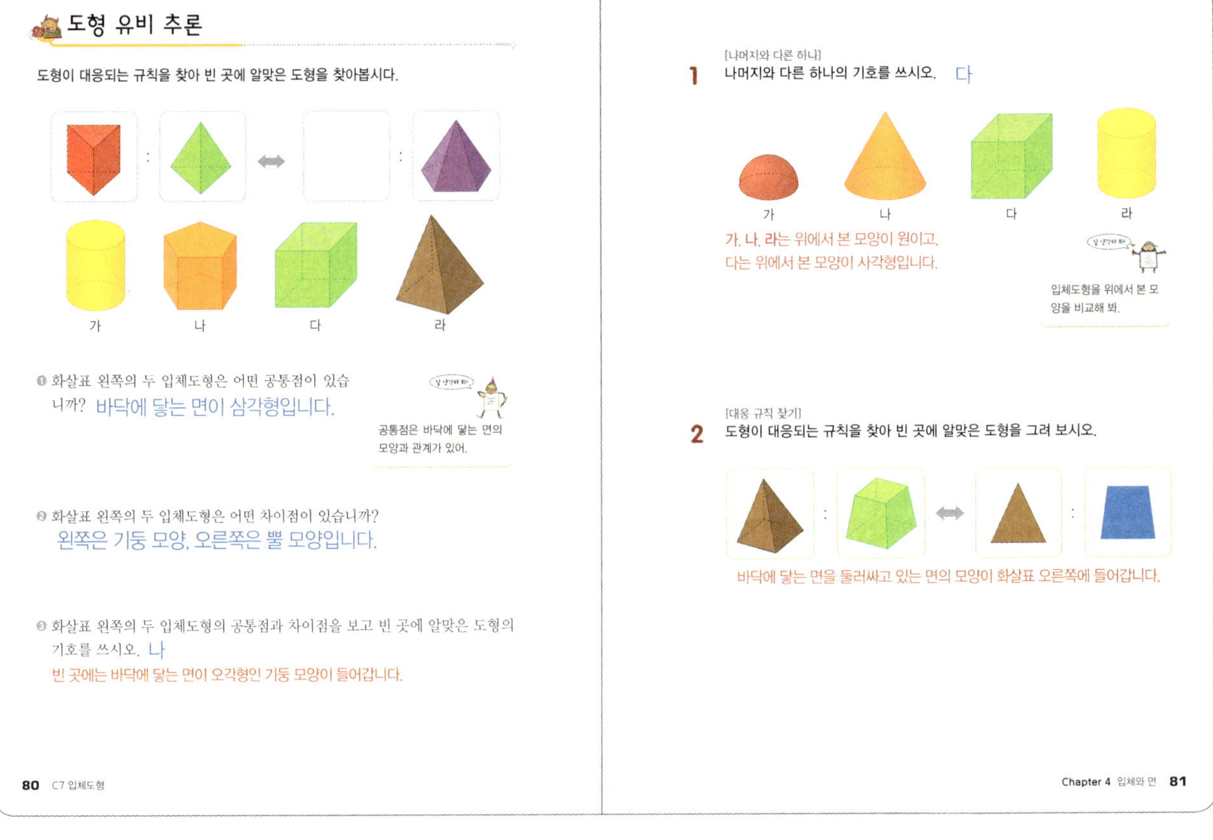

다음은 지오가 컴퓨터 단층 촬영을 한 사진입니다. 각 사진이 지오의 몸 어떤 부분을 찍은 것인지 찾아 번호를 써넣으시오.

①
②
③

②   ①   ③

◉ 가운데 입체도형을 가로로 자른 모양을 왼쪽에서 찾고, 세로로 자른 모양을 오른쪽에서 찾아 선으로 이어 보시오.

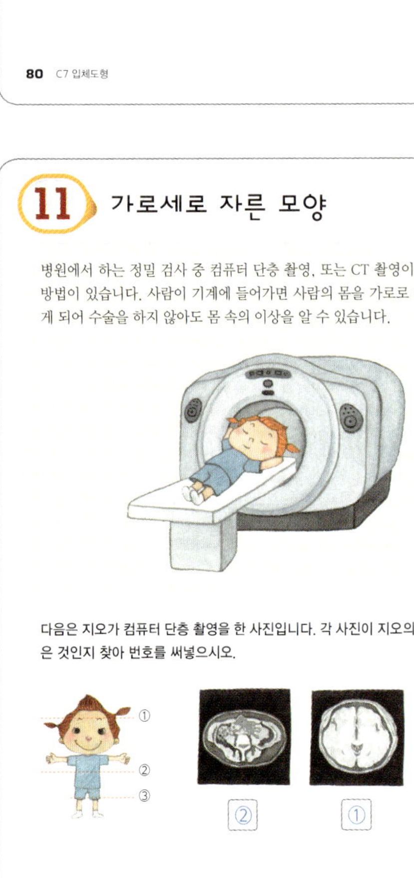

🐻 노크 포인트

입체도형을 잘랐을 때 잘린 면을 입체도형의 단면이라고 합니다.

단면

---

18   C7 입체도형

한 방향으로 자르기

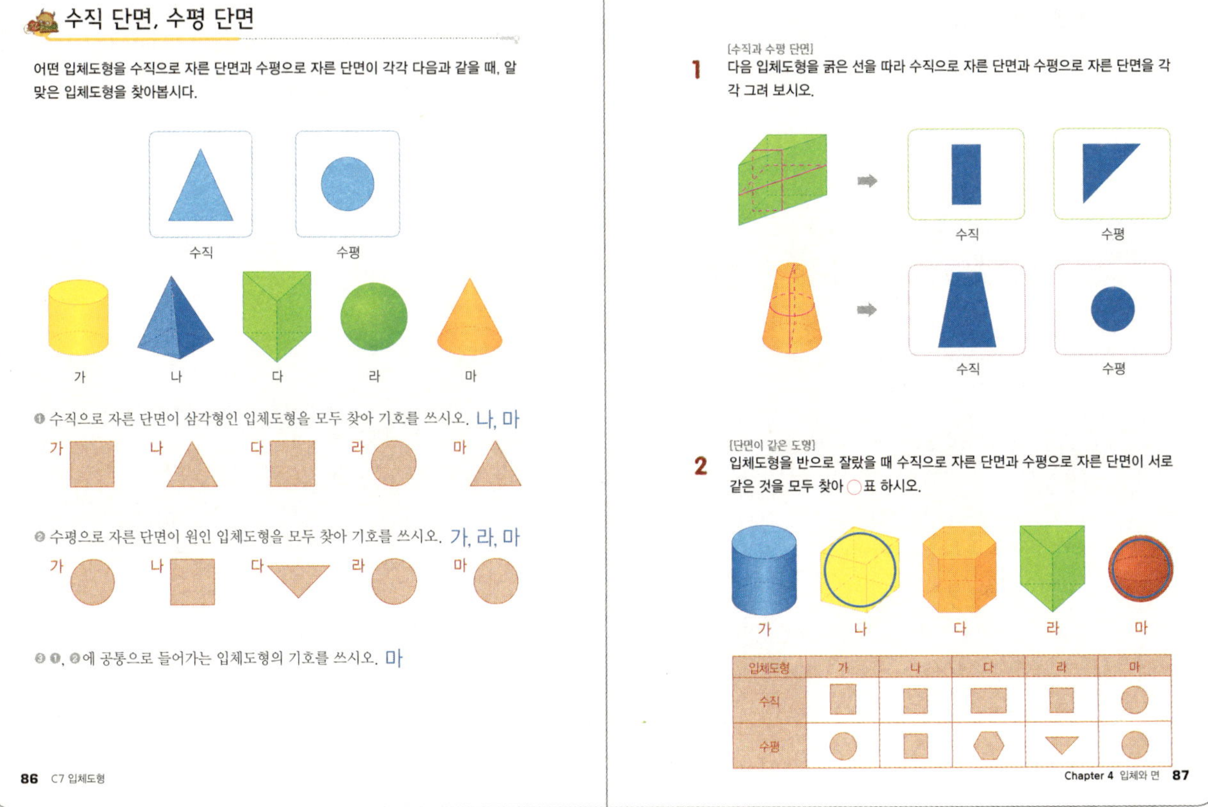

수직 단면, 수평 단면

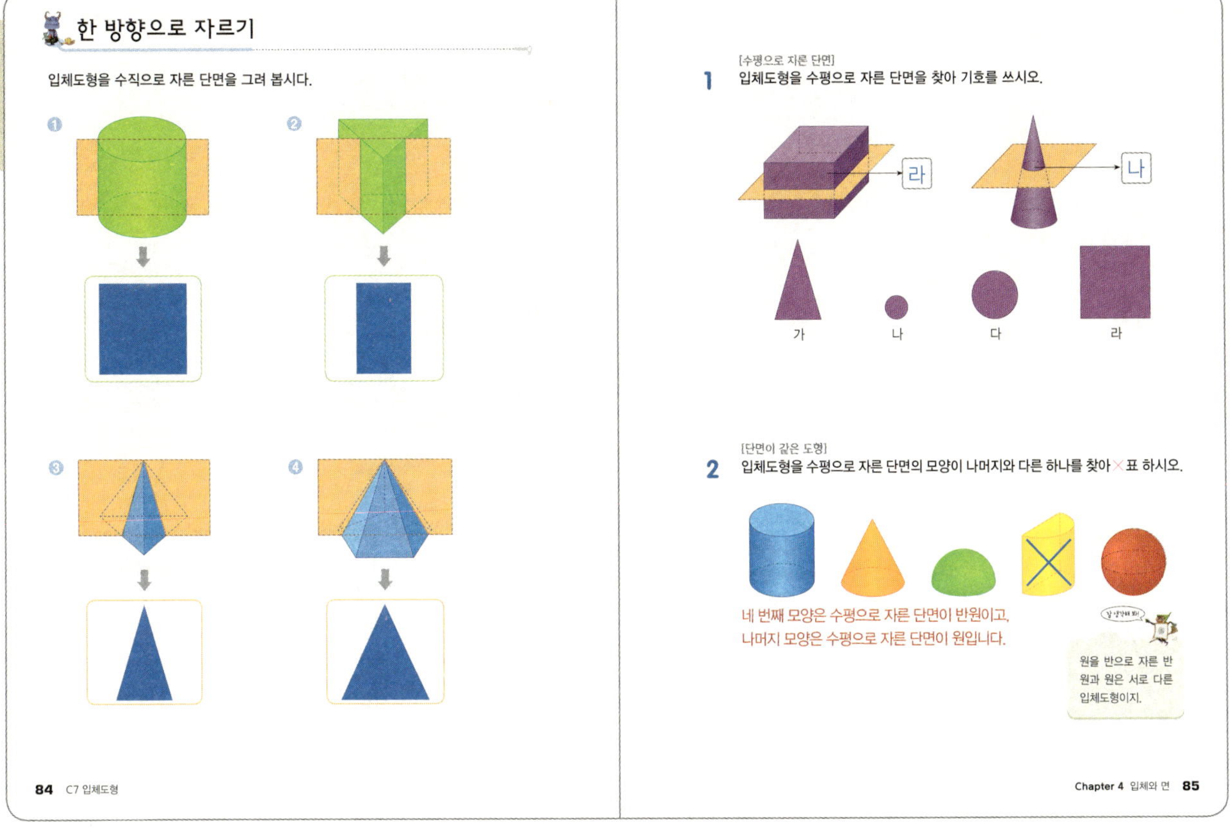

입체도형	가	나	다	라	마
수직					
수평					

12 여러 방향으로 자른 모양

아인이는 상자 모양을 자른 단면이 삼각형이 되는 경우를 보여 줍니다.

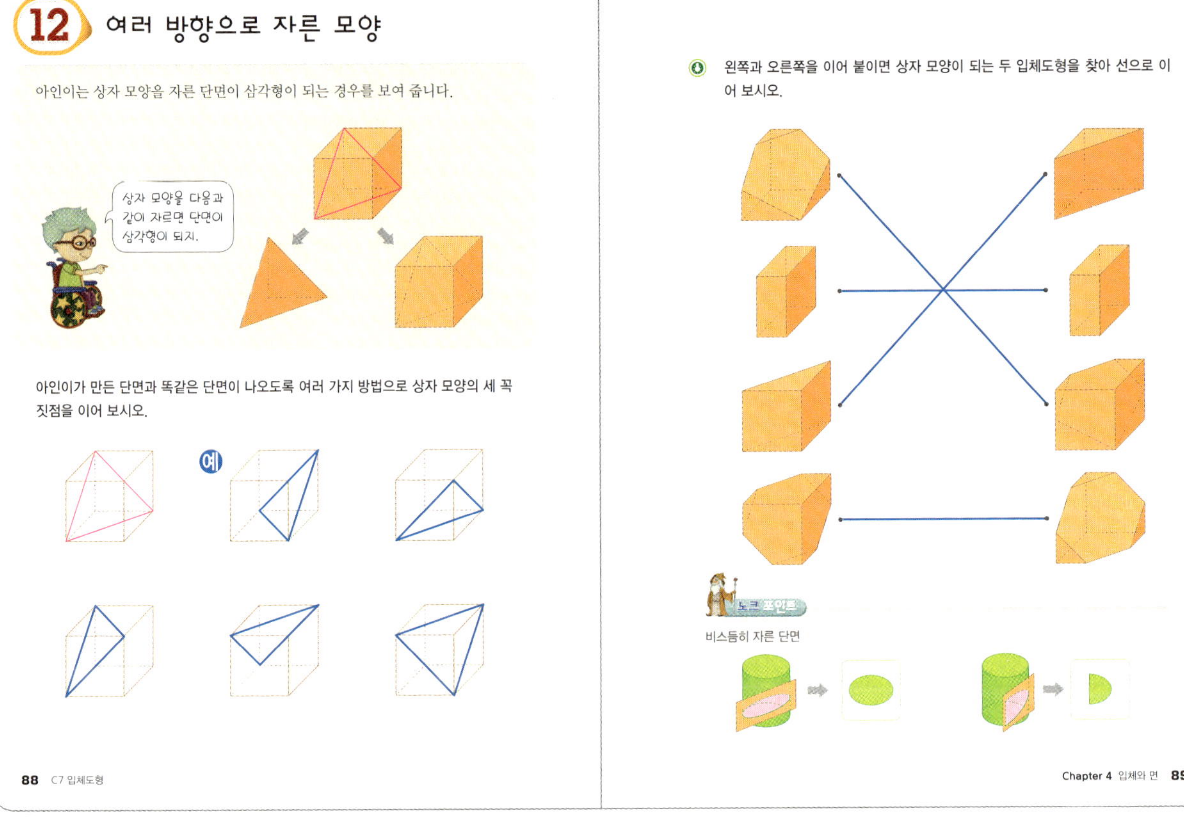

아인이가 만든 단면과 똑같은 단면이 나오도록 여러 가지 방법으로 상자 모양의 세 꼭 짓점을 이어 보시오.

예

❸ 왼쪽과 오른쪽을 이어 붙이면 상자 모양이 되는 두 입체도형을 찾아 선으로 이어 보시오.

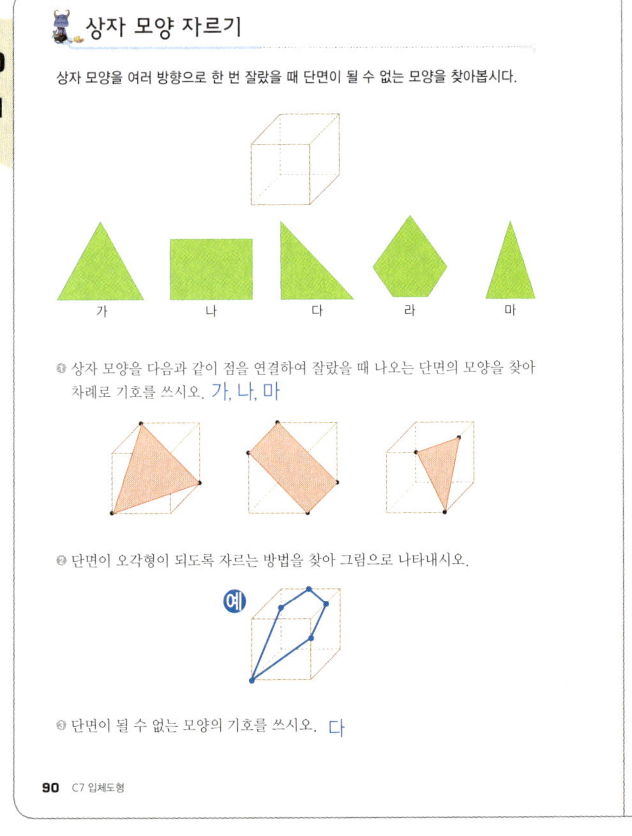

비스듬히 자른 단면

🛡 상자 모양 자르기

상자 모양을 여러 방향으로 한 번 잘랐을 때 단면이 될 수 없는 모양을 찾아봅시다.

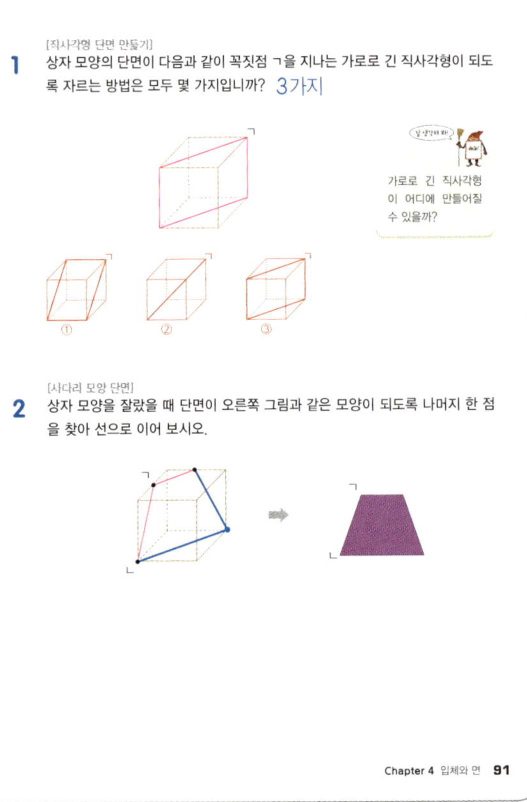

가 나 다 라 마

❶ 상자 모양을 다음과 같이 점을 연결하여 잘랐을 때 나오는 단면의 모양을 찾아 차례로 기호를 쓰시오. 가, 나, 마

❷ 단면이 오각형이 되도록 자르는 방법을 찾아 그림으로 나타내시오.

예

❸ 단면이 될 수 없는 모양의 기호를 쓰시오. 다

[직사각형 단면 만들기]

1 상자 모양의 단면이 다음과 같이 꼭짓점 ㄱ을 지나는 가로로 긴 직사각형이 되도록 자르는 방법은 모두 몇 가지입니까? 3가지

① ② ③

[사다리 모양 단면]

2 상자 모양을 잘랐을 때 단면이 오른쪽 그림과 같은 모양이 되도록 나머지 한 점을 찾아 선으로 이어 보시오.

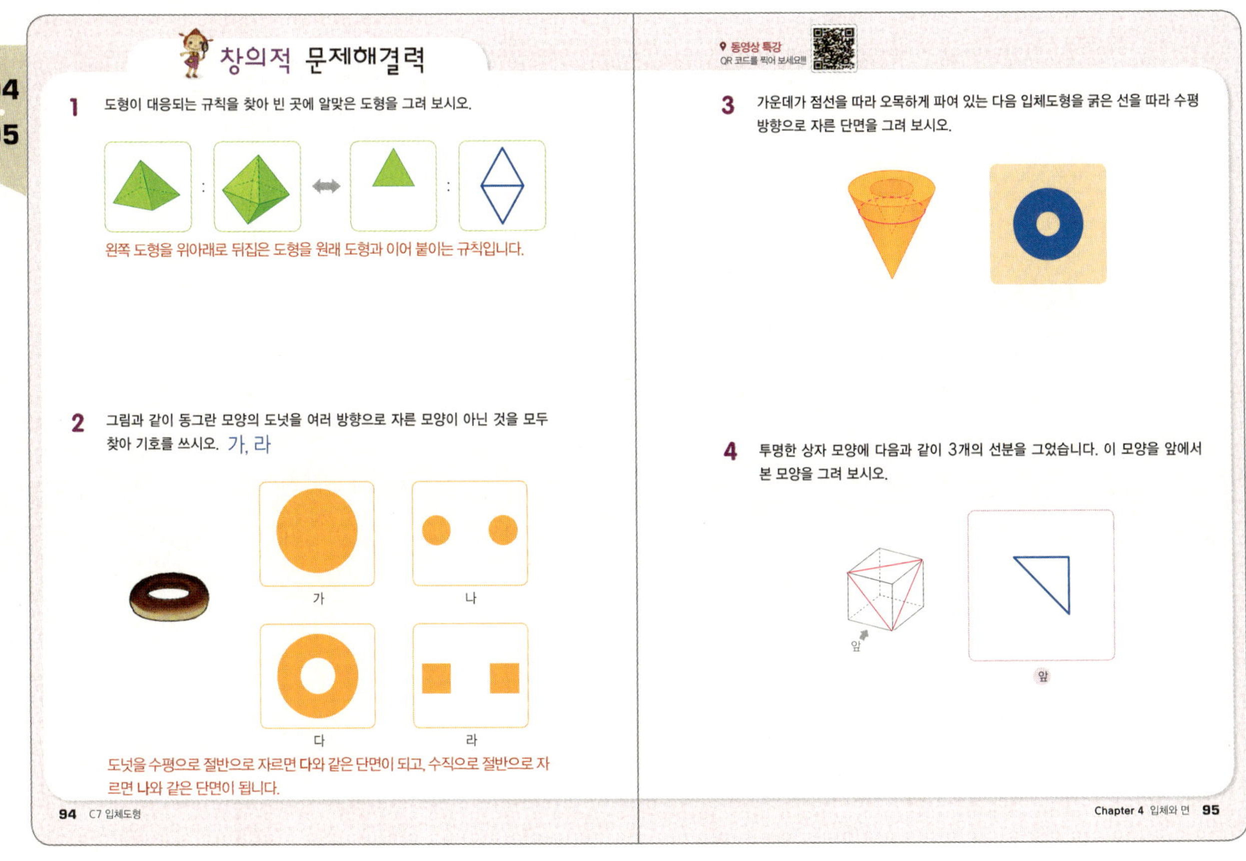

🐻 자른 방향과 단면

92 · 93

주어진 도형을 여러 방향으로 자를 때 단면이 될 수 없는 모양을 찾아 ✕표 하시오.

❶

비스듬히   수직   수평

먼저 수직, 수평으로 자른 단면부터 찾아보자.

❷

비스듬히   수직   수평

1 [단면이 모두 같은 도형] 어느 방향으로 잘라도 단면이 모두 같은 도형인 입체도형의 기호를 쓰시오. **라**

가   나   다   라

공 모양은 어느 방향으로 잘라도 단면이 모두 원이 됩니다.

2 [둥근 뿔 모양 자르기] 바닥면이 원인 뿔 모양 입체도형을 여러 방향으로 자른 단면을 그려 보시오.

앞에서 본 자르는 방향

①   ②

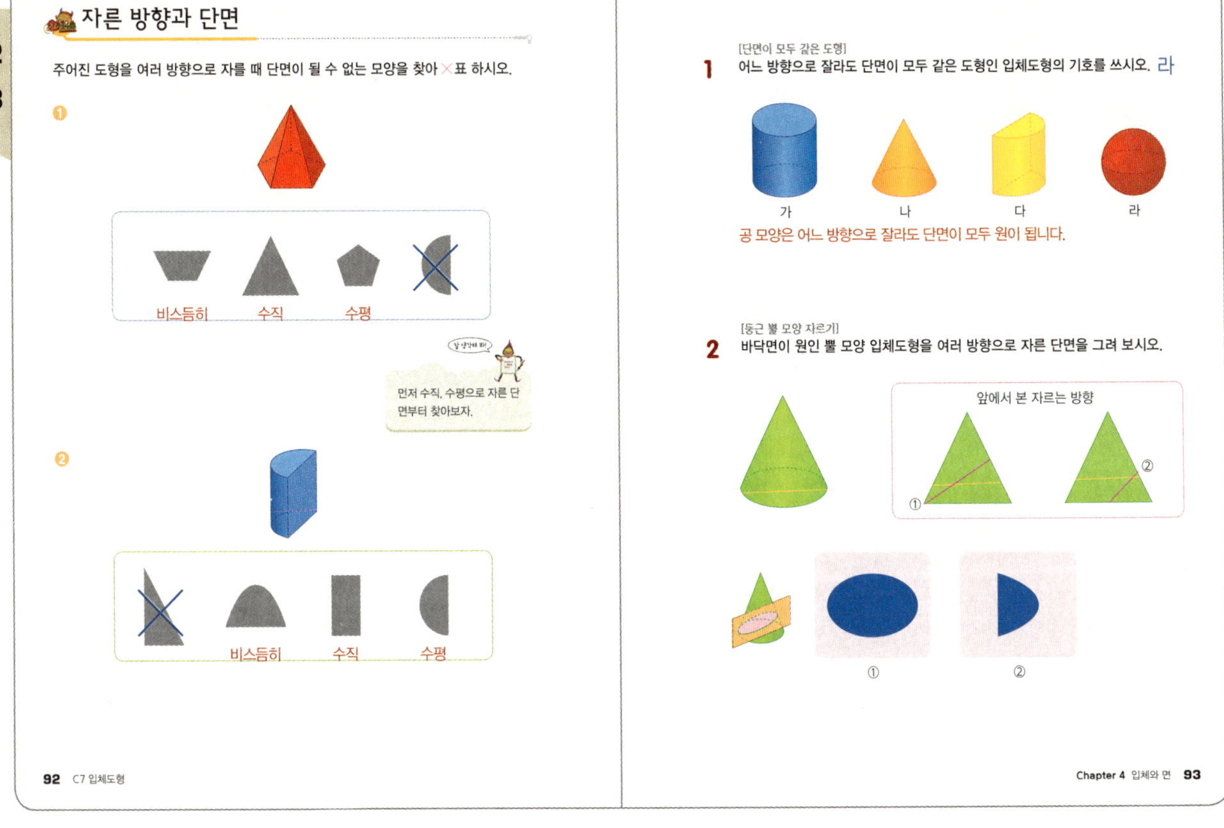

👧 창의적 문제해결력

94 · 95

♀ 동영상 특강
QR 코드를 찍어 보세요!

1 도형이 대응되는 규칙을 찾아 빈 곳에 알맞은 도형을 그려 보시오.

왼쪽 도형을 위아래로 뒤집은 도형을 원래 도형과 이어 붙이는 규칙입니다.

2 그림과 같이 동그란 모양의 도넛을 여러 방향으로 자른 모양이 아닌 것을 모두 찾아 기호를 쓰시오. **가, 라**

가   나   다   라

도넛을 수평으로 절반으로 자르면 다와 같은 단면이 되고, 수직으로 절반으로 자르면 나와 같은 단면이 됩니다.

3 가운데가 점선을 따라 오목하게 파여 있는 다음 입체도형을 굵은 선을 따라 수평 방향으로 자른 단면을 그려 보시오.

4 투명한 상자 모양에 다음과 같이 3개의 선분을 그었습니다. 이 모양을 앞에서 본 모양을 그려 보시오.

앞   앞

정답 및 해설   **21**

MEMO

MEMO

MEMO

12쪽에 사용하세요.

13쪽에 사용하세요.

14쪽에 사용하세요.

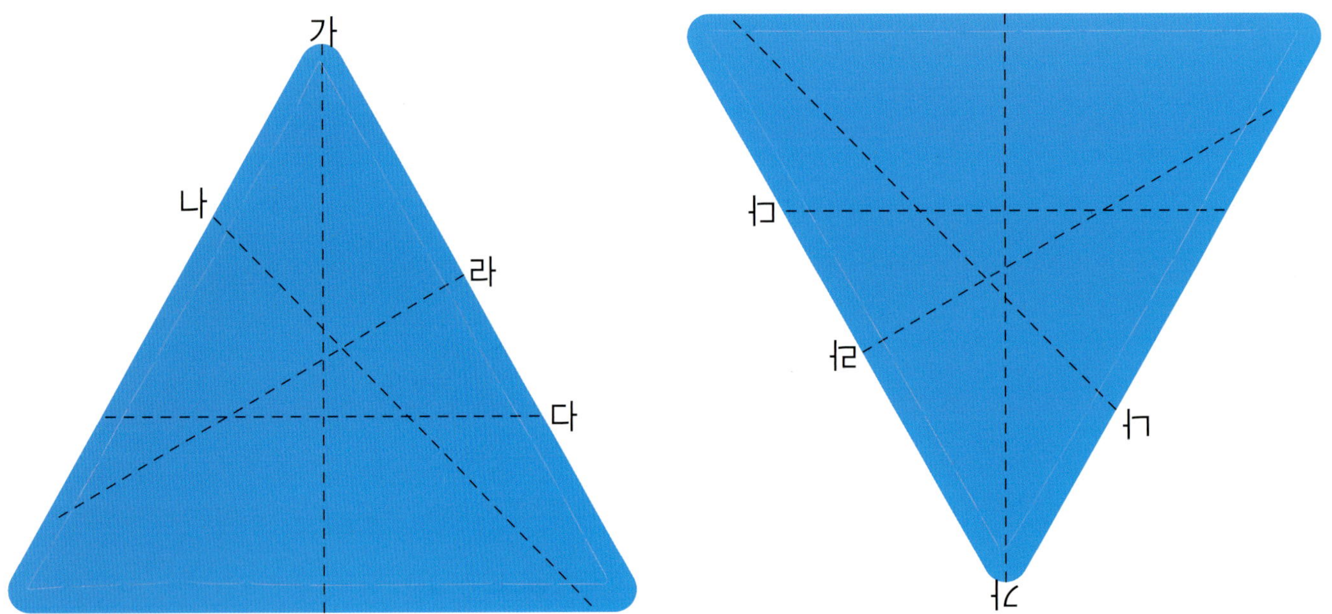

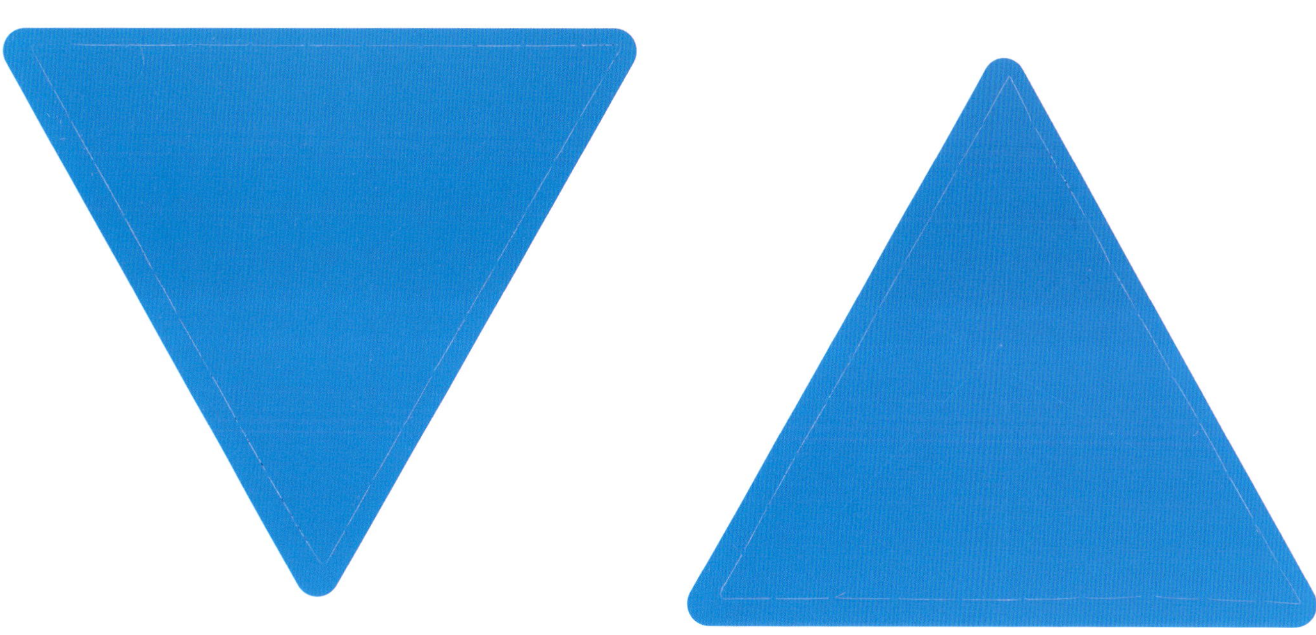

40쪽에 사용하세요.

41쪽에 사용하세요.

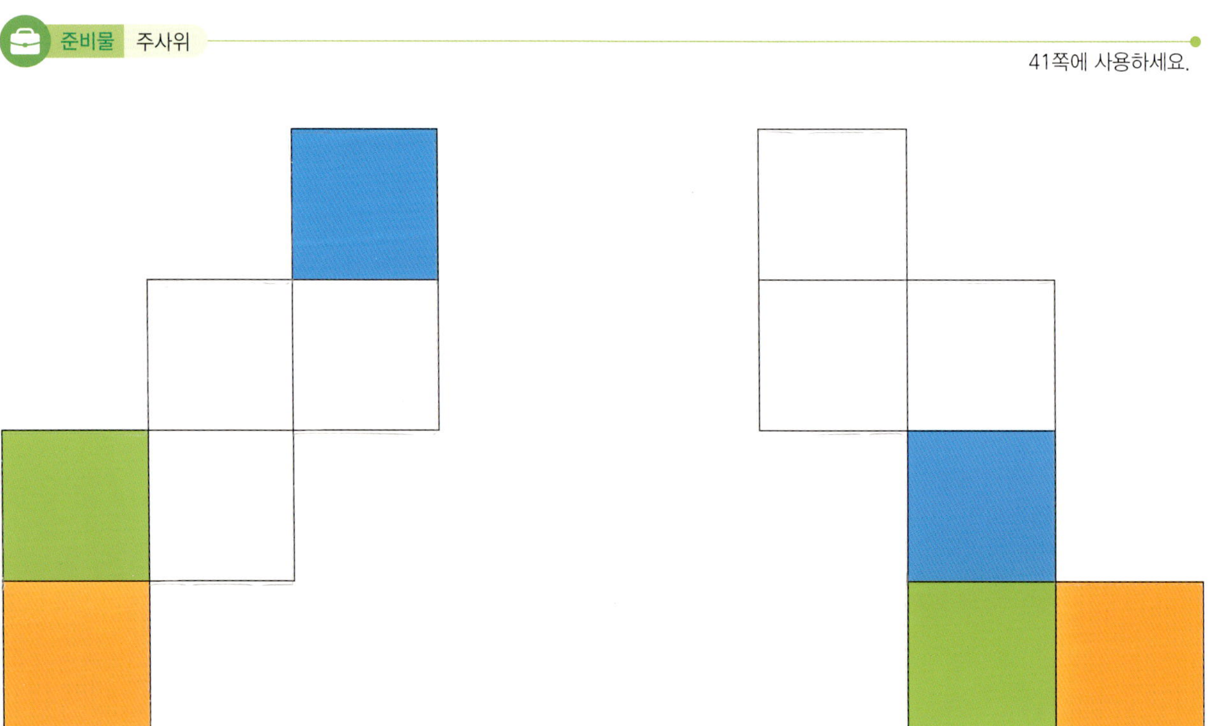

41쪽에 사용하세요.

42쪽에 사용하세요.

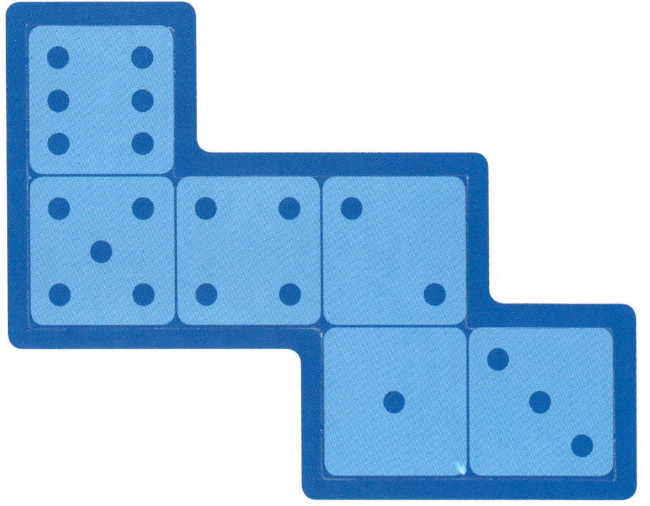

43쪽에 사용하세요.

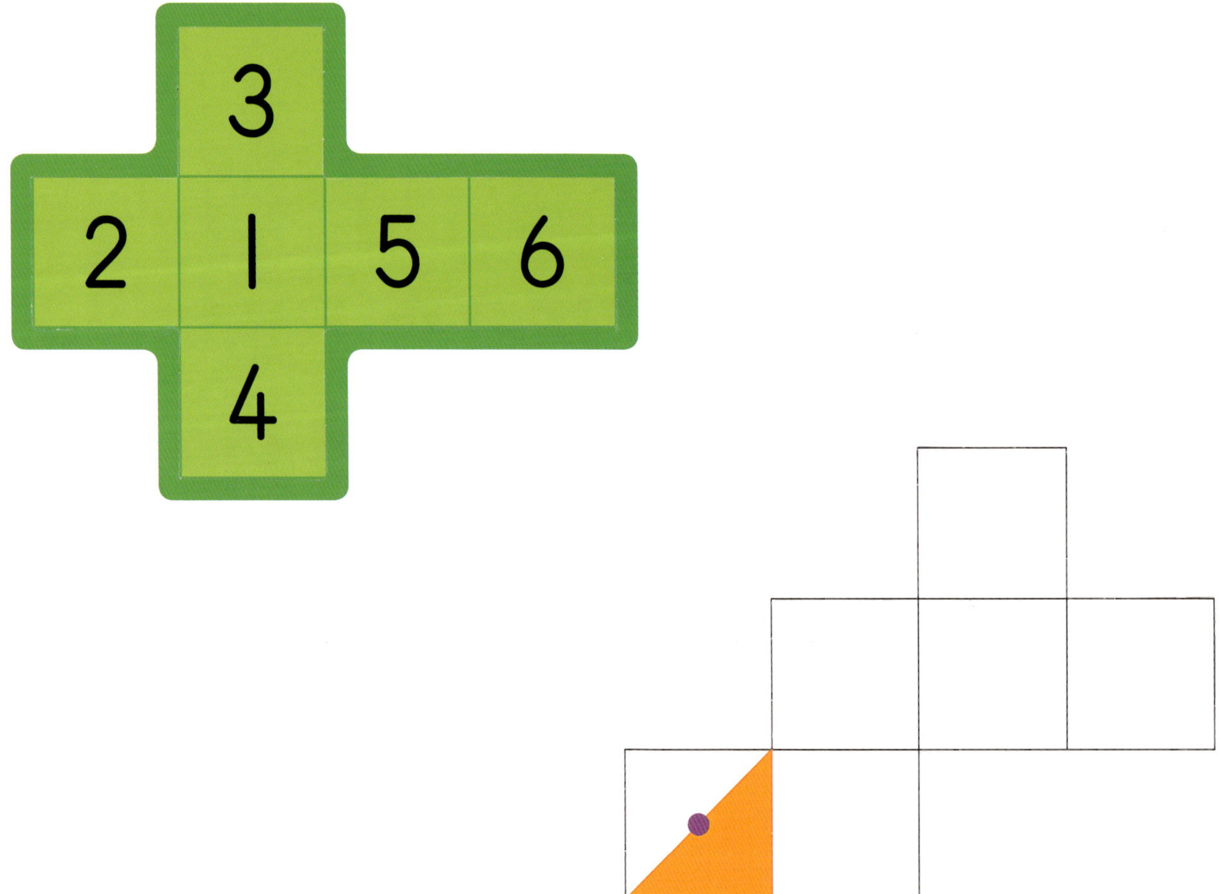

46, 48, 49쪽에 사용하세요.

주사위

굴리기 판(46쪽)

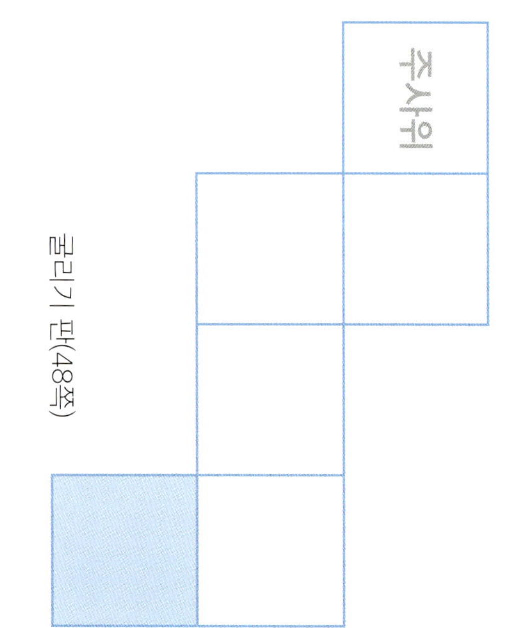

주사위

굴리기 판(48쪽)

굴리기 판(49쪽)

56, 57, 58쪽에 사용하세요.

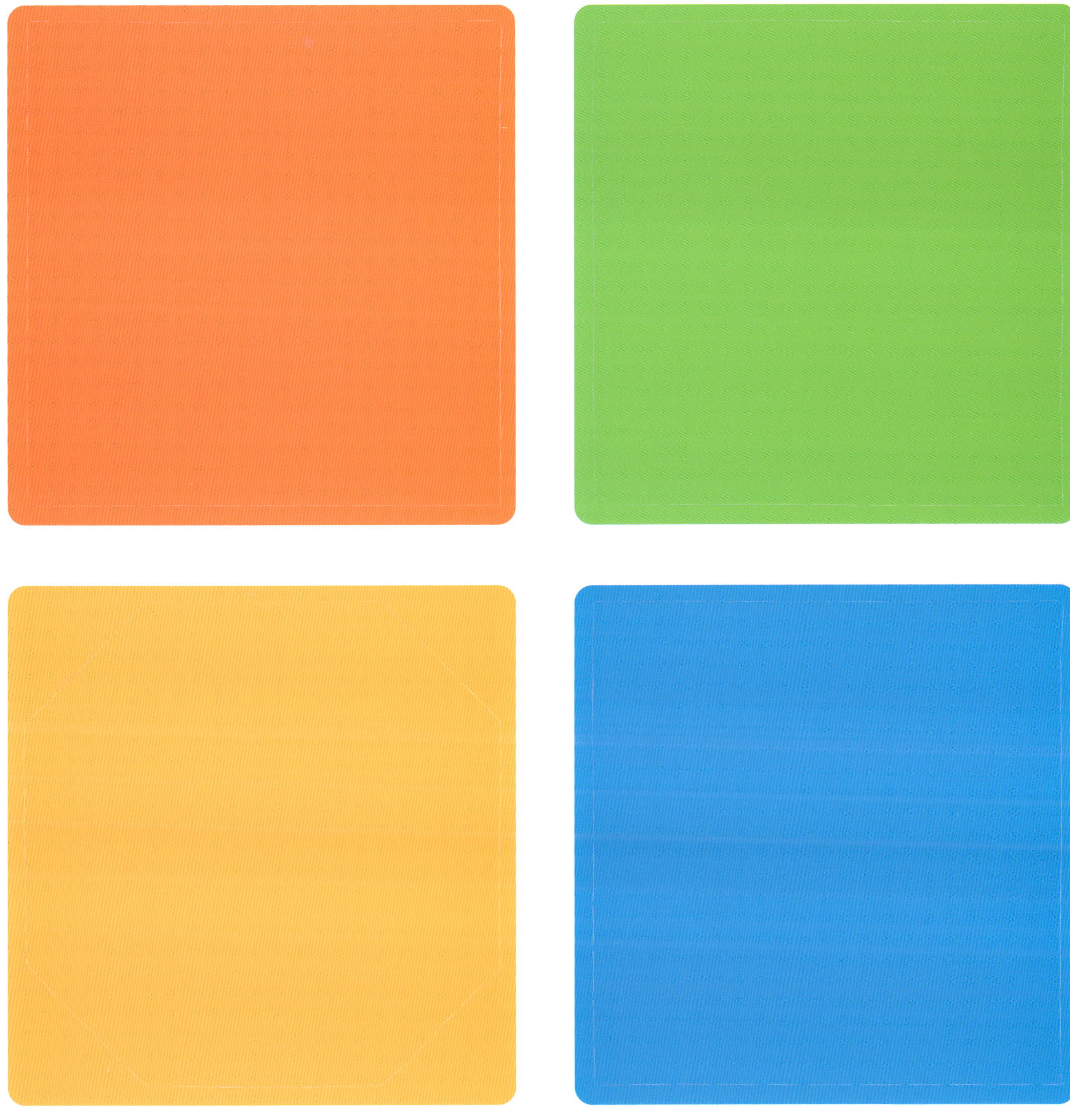

59, 62, 63쪽에 사용하세요.